子どもとともにする「教育ドキュメンテーション」

探究を深める保育実践

白石淑江・山中健司 編著

新評論

はじめに

幼い子どもたちは、日々の生活のなかで出合う「もの」、「ひと」、「こと（事象）」に興味をかき立てられ、かかわったり、試したりして楽しんでいます。このような姿は、一般的に「遊んでいる」と表現されますが、この「遊んでいる」様子を観察していると、子どもたちが特定の対象に好奇心をかき立てられ、それが何か、どのような性質をもっているのかを探ろうと、真剣な表情で働きかけたり、図鑑などで調べている場面を見かけます。

本書では、そのような姿を「探究的な活動」として取り上げていくことにします。

日本の幼児教育・保育では、自発的な活動としての「遊び」を重視していますので、「子どもは遊びを通して学んでいる」とか「遊びは心身の発達の基礎を培う」という見方や考え方に異議を唱える人はいないでしょう。しかし、そのような遊びを通して学んでいる姿は、楽しい、面白い、夢中、没頭、ワクワク、力を合わせて、協同して、などといった形容詞で語られることが多く、子どもたちが「何に関心をもち」、「どのように力を発揮して働きかけ」、「どのようなことを理解しているのか」という視点が弱いように思われます。それゆえ、本書では、「探究的な活動」に着目し、子どもたちの豊かな学びや育ちにつながるような援助のあり方について考えることにしました。

ところで、スウェーデンでは、子どもたちの探究的な活動を写真や動画に収め、子どもの言葉や表現や作品などで可視化し、それ（ドキュメンテーション）を資料として保育者と子どもが対話をし、次の活動につなげる過程を繰り返し、探究を深めていくという取り組みを「教育ドキュメンテーション」と呼んでいます。

その背景には、1980年代にはじまるレッジョ・エミリアの幼児教育の影響がありますが、それから40年以上が経過した今日では、この国の就学前教育のツールとして幅広く用いられながら発展しています。

本書は、『スウェーデンに学ぶドキュメンテーションの活用』（新評論、2018年）の続編となるものですが、教育ドキュメンテーションに関する文献や研究会を通して学んだことや、わが国の保育現場における実践をふまえて、次なる課題について検討するものとなっています。

本書で実践例を報告する「社会福祉法人 共育ちの会」の保育園が、教育ドキュメンテーションについて学び、試行的実践に取り組みはじめたのは2015年のことです。それから約８年にわたって、「教育と保育の理論と実践についての研究会（TPCEC）」[(1)]において、スウェーデンやレッジョ・エミリアの幼児教育について学んだり、研究協力園[(2)]として実践報告をしながら、子どもの興味や思いから出発した活動を可視化し、次の活動につなげていくという取り組みを継続してきました。

その歩みを振り返ってみますと、保育者の課題は、子どもの視点に立って対話をどのように広げ、深めていけるのか、また活動をどのように方向づけていくべきか、といったことに移りはじめています。

本書では、保育実践の一部分を紹介しながら、有能な行為者として尊重する子ども観に基づき、子どもと保育者がともに新たな知識や価値をつくり出していく活動を支えるためのツールとして、「教育ドキュメンテーション」の可能性について検討していきます。

第１章では、スウェーデンの教育ドキュメンテーションの基本理念を概観します。基盤となる教育思想は奥深く、簡単に説明できるものではありませんが、教育ドキュメンテーションを支える子ども観や教育観に関する特徴を見ていきます。また、第１章の２節では、アンナ・ギュンター＝ハンセン（Anna Gunter-Hansssen）さん（教育学博士、ストックホルム大学上級講師）に、スウェーデンの就学前学校教師の養成課程における教育ドキュメンテーションに関する講義内容を紹介していただきます。

第２章では、スウェーデンからの学びにこれまでの試行的実践から得た知見を加えて、日本で取り組む教育ドキュメンテーションのプロセスを提案します。また、短期の事例を通して、教育ドキュメンテーションのプロセスと探究的な活動との関連性を示していきます。

第３章では、「社会福祉法人　共育ちの会」の三つの保育園における実践例を四つ紹介します。どの実践も、写真や動画で活動を記録し（ドキュメンテーションの作成）、それを資料とした子どもと保育者、もしくは保育者同士のリフレクション（活動の振り返りと今後の展開についての話し合い）を経ており、特定の課題やテーマに則った活動となっています。

これらの活動は、保育者の援助を得ながら子どもたちが自発的に調べたり、試したり、表現したりしながら、一定のテーマを探究していくというもので、その過程を教育ドキュメンテーションが支えていることから「プロジェクト」と呼んでいます。

プロジェクトのテーマは、最初に保育者が決めるのではなく、子どもたちの興味や疑問を探りながら、いくつかの小さな活動を行っていく過程ではっきりとさせていきます。子どもたちに正しい知識や技術を習得させることを目指すのではなく、興味や疑問をもったことに対して探究し、何らかの結果や答えが得られると、そこからまた新たな問いが生まれ、さらに探究が続いていくというプロセスを体験することや、友だちや保育者と一緒に考えたり、試したりするといった協同的な経験を重視しています。

前述したように、教育ドキュメンテーションはその過程をサポートするものです。各事例において、探究的な活動が教育ドキュメンテーションによってどのように展開されたのかを報告します。

なお、四つ目の実践例となる「等身大自画像」の制作は、保育者の提案からはじまったもので、ほかの事例のように、子どもの興味や疑問から出発したものではありません。しかし、子どもたちは、保育者が予想した以上にこの活動に興味を示しました。したがって、その後は、子どもたちが自分を描くことに

---

(1)　（Theory and Practice in Child Education and Care）子どもの発達を支援する教育と保育の理論と実践、ならびに子どもの発達を支援する立場にある保育者、教育者のあり方について検討することを目的に2019年に発足。https://www2.aasa.ac.jp/people/cinoue/index.html

(2)　JSPS 科研費（20H01662）「子どもの声を聴く保育実践の探求：ドキュメンテーションによる子どもの権利の保障」（研究代表・白石淑江）において協力を得た。

専念するプロセスにおいて、自分とどのように向き合い、表現しようとしているのかを観察するとともに、子どもたちの語りにも耳を傾けていきました。

要するに、描かれた絵の「出来栄え」ではなく、描くプロセスで起きていることに着目した実践報告となります。

なお、スウェーデンでは「教育ドキュメンテーション」を、子どもが教育活動に参画するツールとしても重要視しています。わが国では、子どもの権利条約の批准から約30年が経過した2023年４月に「こども基本法」が施行されました。これは子どもの権利条約の国内法であり、子どもを権利主体として位置づけ、子どもの意見表明や参画の権利を明記しています。今後は、すべての大人たちがこの理念を理解し、家庭、保育園、幼稚園、こども園、学校、地域社会における子どもたちの生活のなかに浸透させていく必要があります。

そして、最終章となる第４章では、子どもの学ぶ権利や子どもの意見表明、参画する権利の観点から、保育実践における「教育ドキュメンテーション」の意義について考えたいと思います。

国連総会で「子どもの権利条約」が採択されてから30年以上が経過した今、スウェーデンを含むヨーロッパ諸国では、幼い子どもたちを「有能な個人」として信頼し、「積極的な参画者」として位置づけた教育実践を推進しようとしています。そのような動向をふまえながら、子どもと保育者がともに保育をつくっていくための教育ドキュメンテーションの可能性を考えていきます。

白石淑江

もくじ

【お断り】

本書に掲載しました写真ですが、一部不鮮明なものがあります。動画データから取り込んだものや、パワーポイントデータから再取り込みを行ったためです。ご容赦ください。

冗談じゃない。百のものはここにある。

子どもは
百のもので作られている。
子どもは
百の言葉を
百の手を
百の考えを
遊んだり話したりする
百の考え方を
愛することの驚きを
いつも百通りに聴き分ける百のものを
歌ったり理解する
百の楽しみを
発見する
百の世界を
発明する
百の世界を
夢見る
百の世界を持っている。
子どもは
百の言葉を持っている。
(その百倍もその百倍もそのまた百倍も)
けれども、その九十九は奪われている。

学校の文化は
頭と身体を分けている。
そして、子どもにこう教える。
手を使わないで考えなさい。
頭を使わないで行動しなさい。
話さないで聴きなさい。
楽しまないで理解しなさい。
愛したり驚いたりするのは
イースターとクリスマスのときだけにしなさい。
学校の文化子どもに教える。
すでにあるものとして世界を発見しなさい。
そうして百の世界のうち
九十九を奪っている。
学校の文化は子どもに教える。
仕事と遊び
現実とファンタジー
科学と想像
空と大地
理性と夢は
ともにあることが
できないんだよと。

こうして学校の文化は
百のものはないと子どもに教える。
子どもは言う。
冗談じゃない。百のものはここにある。

——ローリス・マラグッツィ(佐藤　学訳)

出典：C・エドワーズほか編／佐藤学ほか訳『子どもたちの100の言葉——レッジョ・エミリアの幼児教育』世織書房、2001年、4ページ。

子どもとともにする「教育ドキュメンテーション」

——探究を深める保育実践——

第1章

スウェーデンに学ぶ
教育ドキュメンテーション

小さなグループに分かれて取り組む（5歳児）

1 教育ドキュメンテーションとは何か？

ドキュメンテーションと教育ドキュメンテーション

ドキュメンテーションは、レッジョ・エミリア市の幼児教育の主要な要素として知られています。ドキュメンテーションとは、手書きのメモ、音声記録や写真、映像記録、子どもの作品などを使って探究活動における子どもの学びを可視化し、刺激し、深めるというツールです。

レッジョ・エミリアの幼児教育は、アメリカの〈ニューズウィーク〉誌（1991年）において市の「ディアーナ幼児学校」が「世界でもっとも前衛的な学校」と紹介されて以来、世界中の教育研究者や教師の関心の焦点となりました。そして、わが国でも、2001年に東京で展覧会が開催されたことを機に『子どもたちの100の言葉』をはじめとして多くの本が出版され、「ドキュメンテーション」という言葉も広く知られるようになりました。

C. エドワーズ、L. ガンディーニ、G. フォアマン編／佐藤学、森眞理、塚田美紀訳、世織書房、2001年

筆者（白石）がドキュメンテーションを知ったのは、2000年にスウェーデンの就学前学校を訪れたときです。

レッジョ・エミリアの幼児教育思想とその実践は、スウェーデンの就学前学校が福祉施設から教育施設へと転換を図る際の教育理念や方法の構築に大きな影響を与えました。自国の幼児教育・保育の歴史や文化の文脈をふまえて、レッジョ・エミリアに触発されながら、21世紀の就学前教育の創造を目指したその実践研究の経過や内容は、中心人物であったグニラ・ダールベリ（Gunilla Dahlberg・ストックホルム大学教授）らが著した『「保育の質」を超えて』に詳述されています。

スウェーデンでは、1970年代末からレッジョ・エミリア市の幼児教育が研究者や保育者たちの注目を集めるようになり、1981年には、ストックホルムで世界最初のレッジョ・エミリアの展覧会が開催されています。

そして、その５年後にも新たな展覧会が開催されるとともに、多くの保育者や研究者、政治家が北イタリアを訪れた、と報告されています。

ダールベリほか／浅井幸子監訳、ミネルヴァ書房、2022年

さらに、1993年には、「レッジョ・エミリア・アプローチ」の礎を築き、推進したローリス・マラグッツィ（Loris Malaguzzi, 1920～1994）の提案がスウェーデンの社会福祉省に送られ、レッジョ・エミリア市との共同研究（ストックホルム・プロジェクト）が創設されました（前掲書、195ページ参照）。その研究成果は、1998年に制定された「ナショナル・カリキュラム（Lpfö 98）」に反映されています。

筆者がドキュメンテーションを知ったのは、このカリキュラムが施行された時期で、まさにドキュメンテーションの実践がスウェーデン国内に広がりはじめたころでした。なお、「ナショナル・カリキュラム」はその後３回の改訂を重ね、制定時の「子ども観」や「教育観」を継承しつつ、理念や内容のさらなる深化および充実が図られています。

今日のわが国の保育現場では、デジタルカメラ、ビデオカメラ、スマートフォン、アイパッド、IC レコーダーなどといった電子機器の発達によって、日々の活動や子どもの姿を可視化し、発信するといった機会が増えています。そのため、これらの機器を用いて保育活動や子どもの姿を可視化すること、またはその記録文書が「ドキュメンテーションである」と理解している人が多いように思われます。

前述したように、手書きのメモ、音声記録や写真、映像記録、子どもの作品などを用いた保育記録が「ドキュメンテーション」であることは確かですし、それを用いて保護者に情報発信することも有意義です。しかし、レッジョ・エミリア市やスウェーデンで用いられている「ドキュメンテーション」は、記録の作成、または作成された記録文書のみを意味しておらず、その記録を保育実践に活かすことが重要視されているのです。

そして、スウェーデンでは、この違いをより明確にするために、記録文書としての「ドキュメンテーション」と、その記録を保育実践に活かす活動としての「教育ドキュメンテーション」を区別して用いています。

前述した「ストックホルム・プロジェクト」の中心人物であったダールベリ（前掲書、221～243ページ参照）は、ストックホルム大学教授のレンズ・タグチ（Lenz-Taguchi, H.）とともに「教育ドキュメンテーション（pedagogisk dokumentation : pedagogical）」という概念を提唱しました。そして、レンズ・タグチは、「ドキュメンテーションはレッジョ・エミリアの理論に基づいているが、その実践においては、スウェーデンの就学前教育の理論・哲学的な立場を際立たせることが動機になった」（参考文献④16ページ）と述べています。

また、レンズ・タグチは、ドキュメンテーションに「教育（pedagogisk）」を冠した理由については次のように説明しています。

> 大人が子どもたちと一緒にドキュメンテーションのなかにあるものを見て、聞き、読んで、リフレクトする（reflektera）――考え、そして話し合う――ときにはじめて「教育的（pedagogisk）」なものになる。（参考文献④13ページ）

読まれたとおり、教育ドキュメンテーションとは、保育者が写真や文書などで子どもの学びを可視化した記録にとどまるものではなく、その記録を活用し、子どもと一緒に、または同僚や保護者とともに見て、活動を振り返り、話し合い、省察すること（リフレクションすること）を意味していることが分かります。

一方、ダールベリも、「教育ドキュメンテーション」という用語は「プロセス」と「内容」という二つの主題を指す、と述べています。

> 「教育ドキュメンテーション」は、内容としては、子どもが何を言い、何をしているかということや、子どもたちの作品、そして教師が子どもやその作品にどう関わったかということを記録した資料である。(中略) これらの資料は教育実践を具体化、可視化、あるいは可聴化するものであり、ドキュメンテーションプロセスにおいて重要な要素である。
> 　プロセスには、それらの資料を用いて、非常に厳密かつ組織的で民主的なやり方で教育実践を省察することが含まれている。その省察は、教育者が一人で行うこともあれば、他の教育者、ペダゴジスタ、子ども自身、両親、政治家等、他の人が関わりながら行うこともある。(参考文献②226～227ページ)

これらの説明からも、教育ドキュメンテーションには、記録を資料として、民主的なやり方で省察する（リフレクトして、考え、話し合う）ことが含意されていると言えます。

学ぶ行為に統合された記録

長年、レッジョ・エミリア教育におけるペダゴジスタ（pedagogista）や幼児学校の校長を務め、現在は、「レッジョ・チルドレン（Reggio Children）[(1)]」の代表であるカルラ・リナルディ（Carla Rinaldi）も、「記録は、あくまでも学ぶ行為に統合されたその一部でなければならない」として、ドキュメンテーションと従来の記録との違いを次のように述べています。

> 　記録と言えば、通常は材料こそ実践の過程で収集されるものの、それを読み込んだり、記憶に解釈を施すのはことが終ってからで、したがってそれは通常事後的な行為と見なされています。記録はビデオ、録音、ノートなどの

(1)　レッジョ・チルドレン（Reggio Children）は、レッジョ・エミリア市の乳児センターや幼児学校の活動に価値と力を与えることを目的として1994年３月に設立された。レッジョ・エミリア・アプローチを推進する国際センターとして、イタリアだけでなく世界中に知られている。https://www.reggiochildren.it/en/

形で収集されます。再読、再検討、復元を目的にしたカテゴリー化や、欠落部分の再発掘が行われることもあります。教師が前もって学習の流れを設定し、その折り目折り目で起こる重要な事実を示してくれるのが記録なのであって、それを用いて実際の過程を復元し、それに解釈と再解釈を加えていくことで、当初の目標がどれくらい達成されたかが分かってくるわけです。
（中略）
長年、レッジョはこのようなやり方に反対し、記録はあくまでも学ぶ行為に統合されたその一部でなければならず、教えと学びの関係を変え、それをより豊饒なものにする契機でなければならないと主張してきました。（参考文献⑤100ページ）

少し長い引用になりましたが、ドキュメンテーションは、教師が立てた目標や計画に沿って実践が行われたかどうかを事後的に省察し、評価するための記録ではなく、「学ぶ行為に統合されたその一部」であり、「教えと学びの関係を変える」契機になるものと位置づけていることが分かります。筆者は、スウェーデンの「教育ドキュメンテーション」は、この考え方をふまえているものであると理解しました。

スウェーデンの学校庁（Skolverket）が発行した冊子[(2)]にも同様の考え方が示されています。この冊子は、2010年の「ナショナル・カリキュラム（Lpfö98）」の改訂において教育ドキュメンテーションを実践することが盛り込まれたのを契機として、2012年に発刊され、スウェーデン国内のすべての就学前学校に配布されました。

教育ドキュメンテーションは、さらなる学びと探究の出発点になる。ドキュメンテーションを通して、子どもも大人も、その出来事にかかわったすべての人は、その出来事を「再訪」することができる。写真や録音物やそのほかのものを通じて出来事を追体験し、その状況に取り組むことができる。教育ドキュメンテーションは、そのようにして起こった出来事と今、そしてこれから起こることをつなぐものである。（中略）

> 教育ドキュメンテーションが、子どもとの活動を前に推し進める動きをつくり、次の出来事につなげていくのである。（参考文献⑥18ページ）

このように、教育ドキュメンテーションは子どもの探究活動を可視化し、それを資料にして、子どもと保育者が一緒に活動を再訪し、追体験し、次の展開につなげていく実践であると明記されています。

子どもの参加と影響

リナルディは、先に掲載した引用文において、教育ドキュメンテーションの実践は「教えと学びの関係を変え、それをより豊饒なものにする契機でなければならない」（８ページ参照）と述べています。この言葉は、子どもは未熟で何も知らない弱い存在であり、大人や保育者に保護され、教えられ、導かれる存在であるとする子ども観から、子どもは生まれた瞬間から学んでいる能動的で有能な行為者であり、固有の権利を有する一人の人間であるという子ども観への転換を意味します。

先に紹介したローリス・マラグッツィ（５ページ参照）は、詩「でも、百はある」において、「子どもには100の手、考え、考え方、遊び方や話し方、聞き方、驚き方、愛し方、そして、発見する100の世界がある」（参考文献①３ページ）と述べています。そして、大人の手でそのうちの99を奪ってしまうことがないように、と訴えています。教育ドキュメンテーションの実践は、「子どもたちの100の言葉」（viii ページ参照）に耳を傾けるためのツールでもあるのです。

先に紹介したレンズ・タグチも、スウェーデンの教育ドキュメンテーションにとって重要なことは、子どもと大人の間に存在する力関係に気付くことであった、と述べています。また、子どもたちに何ができ、分かり、理解して、経験して、感じているのかについて知ることもなく、大人は常に「物知り」という立場におり、「一番できる」と思い込んできたと述べたうえで、次のように続けています。

---

(2)　Palmer (2012) *Uppföljning, utvärde-ring och utveckling i förskolan − pedagogisk documentation,* Skolverket, 18.　矢作智恵子ルンドベリィ他の訳による。

> 子どもが何をやっているのか、考えているのか、どのように彼らが学び、発達していくのか、そして、なぜ、どのように教育実践を進めていくのかを理解するために、絶えず自分たちのやり方を自己批判的に見直すことが教育ドキュメンテーションを使って働くことの概念である。（中略）
> 「子どもたちと一緒に」計画し、行った探究活動や実験を見て、理解したり、批判的に見直すことに子どもを参加させることが、この作業の中核なのである。（中略）
> 子どもたちの前にドキュメンテーションを置いて、「ここで何をしたの？」、「このことについてどう思う？」、「これから何をしようか？」と尋ねるべきである。（参考文献④18ページ）

子どもは、大人の予測や期待どおりに、感じたり、考えたりするわけではありません。むしろ、大人より経験や知識が少ないがゆえに、大人が当たり前と思って見過ごしている事象に新鮮な驚きや疑問をもち、不思議さや感動を覚え、好奇心をもって注意深く観察するものです。そして、自分なりのやり方でその対象に働きかけていきます。

教育ドキュメンテーションは、このような子どもの姿を可視化するところから出発します。そして、保育者は、そのドキュメンテーションを資料として子どもと対話し、そこで起こった出来事について、子どもがどのように感じて考えたのか、どのような問いをもったのか、次に試したいことは何かなど、子どもたちの声に耳を傾けながら次の展開を一緒に考えていくのです。

子どもたちの声に耳を傾けるとは、ドキュメンテーションを媒介として活動のプロセスに子どもたちが参加し、影響を与えていくということです。

子どもの権利に関して先進的に取り組むスウェーデンでは、「ナショナル・カリキュラム（Lpfö 18）」の「２－３　子どもの参加と影響力」において、子どもの声に耳を傾け、それを実践に反映することが教育方針であると規定されています。

❶子どもの声が聴かれ、就学前学校での生活や活動に参加し、影響を与える権利を保障すべきこと。

❷子どもたちがさまざまな方法で表現するニーズや関心を、彼らの環境を整え、活動を計画するための基盤とすべきであること。
❸自分たちの意見が聴き取られていることを子どもたちが体験すること。（参考文献⑦参照）

そして、このことが民主主義について体験的に学ぶ機会である、とも明記されています。その根底には、子どもを一人の「考える個人」と見なし、自らの経験の意味を考え、経験内容を創造する存在であること、また子どもは行為者であり、自分がかかわることに影響を与え、変えるだけの権利をもっている、といった子ども観が存在しています。要するに、教育ドキュメンテーションの実践は、子どもの意見表明や参画する権利を、保育実践の場においてどのように保障するのかという問題とも深くかかわっているわけです。

子どもの学びに対する考え方

教育ドキュメンテーションは、子ども観だけでなく、子どもの学びに対する考え方にも特徴があります。スウェーデンの学校庁が発行した教育ドキュメンテーションに関する冊子では、教育ドキュメンテーションは「探究的アプローチ（utforskande arbetssätt）」（参考文献⑥21～22ページ）に用いることが明記されており、それは、社会構成主義に基づいていると説明しています。

この理論を詳しく説明するだけの力はありませんが、知識を創造／構築していくメカニズムにおける、社会的な要因に焦点を当てた理論とされています。

また、冊子では、現実、世界、人、社会に関する知識は絶対的で普遍的なものではなく、必要に応じて変化するものであり、ほかの人や環境との出合いにおける、さまざまな状況のなかで協議して、社会的に構築されるものであるという考え方に立つ、と説明されています。

そして、言葉は知識を生み出すための重要なツールであり、人が話し合い、通じ合い、社会的関係のなかから知識がつくられることに注目する、とも述べています。

教育ドキュメンテーションにおいて、リフレクト（6ページ参照）すること、つまり考え、そして話し合うことが重視されているのは、このような理論に基づいているからです。

ただし、ここでの言葉は、話したり、書いたりするものだけを意味しているわけではありません。「アート」と呼ばれるような表現形態、つまり「100の言葉」も重視しています。冊子には、次のように述べられています。

> 探究的アプローチの重要な部分は、子どもたちがもっているさまざまな疑問といろいろな問題への共同的探究を導くために環境を整えることである。それは、子どもたち自身の手とさまざまな道具で慎重に観察し、嗅ぎ、触り、経験し、試せるように多様な機会を提供することである。また、書いたり、話す言葉だけではなく、さまざまな表現形態を盛り込んで、より多様な学びの様相を取り入れることが重要となる。
>
> 子どもたちと一緒にある現象を調査しているときに、ダンスや動きなどといったさまざまなクリエイティブな表現形態を取り入れることは、学びに新しい側面を提供することになる。(中略)
>
> 一本の木が描かれ、粘土やワイヤーや張り子でつくられることによって子どもたちは、木の新しい側面を理解することになる。異なる材料による表現は、新しい知識をつくるのに役立つのだ。(参考文献⑥24ページ)

以上のことから、教育ドキュメンテーションでは、保育者が子どもたちに多様な表現形態で語る機会を提供することや、その声をどのように聴き、話し合いをどのように進めるのかということに重点が置かれているのかが分かります。となると、保育者の役割は、子どもの好奇心や探究心から生み出された活動を、どのように方向づけていくのかということになります。

なお、冊子では、子どもの学びを理解するには、社会的相互作用や対人関係の視点だけでは不十分だとして、「就学前学校での、子どもと教材や環境との間で起こる無数の関係にも目を向けることが重要である」(参考文献⑥26ページ)とも述べられています。そして、子どもと教材や物理的環境との関係に着目した研究結果について、次のように説明しています。

> 子どもたちは、常に周りのものとの関係、それはほかの人との関係のみならず、本、ペン、絵の具、粘土、水、紙との関係を確立することに夢中になっていることが明らかとなっている。
> 光、音、寒さ、熱、雨、太陽もまた学びに関与している。葉、棒、砂のようなものが子どもの目に入ると、子どもはそれらに近づいて、注意深く見たり、触って感じたり、調べたい気持ちになって探究する。材料は、子どもを夢中にさせ、興味をもたせるために重要である。（参考文献⑥28ページ）

このように、子どもたちと周りの環境の間で起こっていることに目を向けるという姿勢は、人間関係や社会的相互作用を軽視するということではなく、「何かを学ぶ人と学ぶ内容、あるいは学びが起こる物理的な環境は区別することができず、すべてが絡み合う形で関係している」という意味である、とも述べられています。

多様な視点で子どもたちの学びや育ちを捉え、またそうすることが大切であると言えます。

プロジェクト

ここまでに述べてきたような子ども観や教育観に基づき、教育ドキュメンテーションによって取り組まれる探究活動を、スウェーデンでは「プロジェクト」と呼んでいます。この国では、伝統的に「テーマ活動」が行われてきましたが、「ストックホルム・プロジェクト」において見直しが行われ（参考文献②196ページ）、教育ドキュメンテーションによる新しい実践モデルが提案されました。

たとえば、『テーマ活動』（プラムリンほか／泉千勢訳、大空社、1998年）では、保育者は計画の初期段階でテーマを選択し、そのテーマに関する子どもたちの技能や知識の実態を把握し、発達心理学の知識を用いて、ねらいを定める必要があるとしています（108～116ページ）。

これに対して、レッジョ・エミリアの影響によるプロジェクトの進め方は、より柔軟な計画づくりとなります。先に紹介したリナルディ（7ページ参照）は、次のように説明しています。

> 教師はあらかじめ一般的な教育目標を立てておくが、事前に、個別のプロジェクトや活動に対して特定のねらいを定式化しない。（中略）
> 教師は、子どもや子どもの過去の経験に関する知識を基礎として、起こりそうな仮説を組み立てておき、この仮説に沿って、子どものニーズや興味に柔軟に適応できるねらいを定めることにする。興味やニーズには、プロジェクトが進行するなかで、随時子どもから表現されることや、活動が展開する中で教師が考えて聞き出すことが含まれる。（中略）
> このプランづくりは、「プロジェッタツィオーネ（progettazione）」と呼ばれてきた。（参考文献⑤169〜170ページ）

スウェーデンの「ナショナル・カリキュラム（Lpfö 18）」の「ケア、発達と学び」には、「テーマ・アプローチ（temainriktat arbetssätt）は、子どもたちの学びに多面的な広がりがつくられるほか、まとまりのあるものにすることができる」（Lpfö 18、11ページ）と述べられていますので、テーマを設定した活動を否定しているわけではありません。しかし、教育ドキュメンテーションによる探究活動は、伝統的なテーマ活動とは区別して「プロジェクト」と呼ばれているのです。

保育者による活動の方向づけ

教育ドキュメンテーションの実践における保育者の役割について、スウェーデンの学校庁が発行している冊子には、子どもたちの好奇心や探究心を受け入れ、子どもとともに探究活動を進め、知識を創造していく「知識の共同創造者（medskapare av kunskap）」（参考文献⑥21ページ）であると書かれています。

ただし、ここで言う「知識の創造」とは、普遍的な知識体系を教えることを意味しているわけではありません。子どもの日常から生まれた興味や関心、疑問などから出発して、保育者や友だちと一緒に周辺世界のさまざまな事象について探究しながら、一緒に知識や意味をつくり出していくことです。その知識の共同創造を媒介し、推進していく手段が「教育ドキュメンテーション」となるわけです。

ですから、知識の共同創造者としての保育者は、子どもたちにどのような知識を習得させるべきかについて、あらかじめ指導計画を立てるといったことはしません。とはいえ、探究的な活動の進展に伴って、探究を進める方向性を意識した活動の見通しは立てています。

スウェーデンでは、「ナショナル・カリキュラム（Lpfö 18）」において、就学前教育で取り組むべき全体的な目標を示しています。それは、習得すべき知識や技術の到達目標ではなく、あくまでも、スウェーデンの就学前教育における基本理念や主要な教育方針に基づいた方向性を示すものとなっています。

一方、学校庁の冊子では、保育チーム（スウェーデンでは、複数担当が基本になっています）は、ミーティングにおいて、その時点での子どもたちの課題や活動状況を確認し、プロジェクトでは、これから何を取り扱うのか、どの部分に重点を置くのかを決めるとともに、就学前学校の全体的な計画のなかで、個々のプロジェクトの目標をどこに置くのかについて検討することが重要である、と述べられています。

さらに、子どもたちの学びはいろいろな方向に広がり、直線的に進むものではないので、予想される活動について話し合ったり、それらの活動を通してどのような知識や経験につながるのか、また「ナショナル・カリキュラム」の目標に合致する価値観や意図が含まれているのかどうかを分析することが保育チームの責任である、とも述べられています（参考文献⑥17～18ページ）。

以上のことから、保育者は、子どもの声を活動に活かすだけでなく、保育者として活動の方向性を意識して、プロジェクトを進めていくことが大切であると言えます。

なお、レッジョ・エミリアのリナルディ（7ページ参照）は、子どもの学びは直線的な道を進むのではなく、「ぐるぐるとまわる螺旋状のように進行していく」ものであり、あらかじめ敷かれた道を進むわけではないため、プロジェクトでは柔軟な計画づくりが必要である、としています。そして、保育者が子どもたちとともに取り組む探究的な活動を旅路にたとえて、次のように説明しています。

> 旅では、予め決まったルートと時間に沿った列車に乗るというより、むしろ方向性を示す磁石を使って行き先を見つけ出す。(参考文献⑤179ページ)

子どもの興味や疑問を出発点とし、子どもたちと話し合いながら進めていくプロジェクトは、一見すると子どもが中心で、すべてを子どもに任せてしまう活動のような印象を与えますが、決してそうではありません。保育者には、知識や意味の共同創造者として子どもたちとともに進むべき方向性を見定め、意味のある学びにつながるように考え、提案していくことが求められます。

教育ドキュメンテーションは、子どもと保育者の両者が主体となって、共同して、未知の世界を探究していくためのツールであり、保育者の役割は、探究活動を方向づけていくことであると言えます。

2 スウェーデンの教育ドキュメンテーションについて

Anna Günther-Hanssen(アンナ ギュンター ハンセン)(ストックホルム大学/白石淑江訳)

教育ドキュメンテーションとは何か?

教育ドキュメンテーションとは以下のようなものです。

・子どもの学びを記録し、就学前学校の評価にも用いられる。
・リフレクションのために使われるもの。
・実際には、手段というよりはコミュニケーションであり、考え方。
・教育ドキュメンテーションの目的は、それを通して話し合い、目にしたことをリフレクト(6ページ参照)すること。

教育ドキュメンテーションは探究的なプロジェクト活動と結び付いている

教育ドキュメンテーションは、子どもたちの考えや意見、計画を重視しており、学びのプロセス全体に焦点を合わせます。また、その活動は、子どもの興味や問いから出発します。

ただし、それは単なる一般的な問いではなく、就学前学校のカリキュラムの内容、たとえば民主主義や平等、あるいは言語、算数、科学、芸術、音楽に関する問いから出発することを前提とします。したがって、就学前学校の教師（以下、教師と記す）は、子どもが知りたがっていることに興味をもち、子どもと一緒にそれについて記録していく必要があります。

観察とドキュメンテーションの作成では、観察メモや写真、動画、会話の記録、録音、描画などが用いられます。教育ドキュメンテーションで重要なことは、作成されたドキュメンテーションがそのあとに使われるということです。教師は子どもと一緒に、ドキュメンテーションに立ち戻って話し合い、それらに関してリフレクトする必要があります。

教育ドキュメンテーションは、子どもの学びのプロセスをフォローし、それを促進していくだけでなく、就学前学校の活動の価値を判断したり、評価するためにも用いられます。

ただし、スウェーデンでは、評価の対象となるのは就学前学校や教師であって、子どもではありません。教育ドキュメンテーションを通して、教師の知識やアプローチの仕方、子どもの見方などを明確にさせ、分析、評価して、次なる発展につなげていきます（参考文献⑰参照）。

また、教育ドキュメンテーションは、子どもと一緒にプロジェクト活動に取り組んでいる間に、評価したり計画を立てたりする場合にも使われています。教育ドキュメンテーションの実践は、子どもが知らないことや経験がないことではなく、すでに知っていることや経験のあることからはじめることを前提としています。そして、子どもの思いやファンタジー、学びを可視化するものでもあります（参考文献⑯参照）。

ドキュメンテーションから教育ドキュメンテーションへ

ドキュメンテーションが教育ドキュメンテーションと見なされるためには、子どもや教師によるリフレクションに利用されなければなりません。時には、その場に保護者が招かれることもあります。また、ドキュメンテーションは、起こった出来事を振り返って話し合って省察する、つまりリフレクトするだけではなく、これから何が起きそうか、もしくは起こり得るかについて話し合うためにも使われています（参考文献⑯参照）。

図1　教育ドキュメンテーションのプロセス

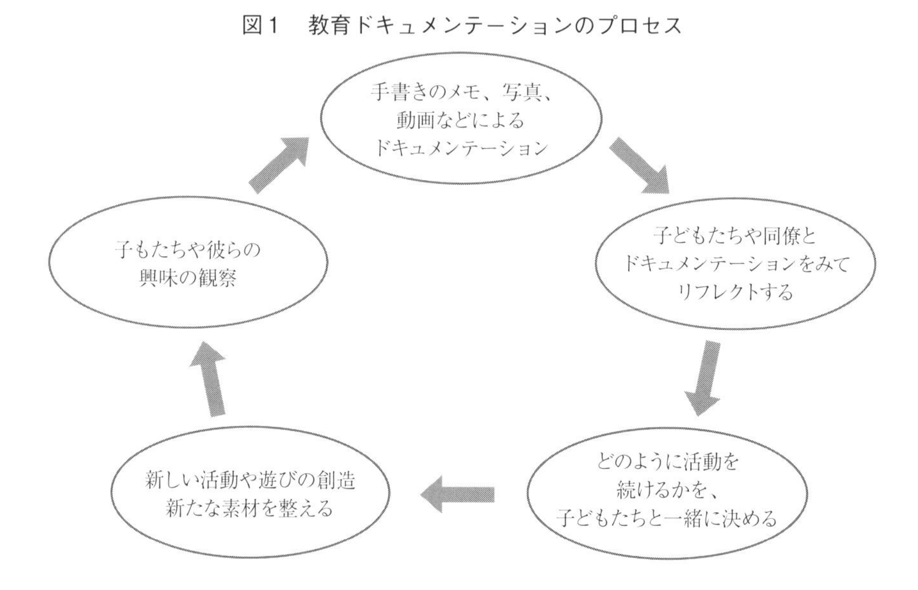

そこでは、「正確な答え」が重要ではなく、全体的な省察や話し合いを行うことで、できるだけ多くの見方（ドキュメンテーションのなかで見たり、そこで聞いたりしたこと）を表面化させることが重要となります（参考文献⑪参照）。

子どもは、ドキュメンテーションやリフレクションの作業に参加することになっています。そうすることによって、子どももまたプロジェクトの内容、探究、学びに参加できます。

教育ドキュメンテーションの実践は、子どもの話が注意深く聴かれ、彼らが活動に影響を与えることを意味しています。それは、単に言葉による話し合いだけではなく、自己表現や振り返り、省察の手助けとなるような、さまざまな材料を用いることにもなります。

子どもたちとのリフレクションの事例

以下では、教師が子どもと一緒に行うリフレクションの事例を紹介していきます。そこでは、幼い子どもたちが一緒にドキュメンテーションを再訪して、考えることができます。

ドキュメンテーションの冊子

ドキュメンテーションの冊子――子どもたちが教師と一緒に、カタツムリやミミズについて探究したプロジェクトのドキュメンテーションを集めてつくられたものです。子どもたちはこれを持ち歩いて、何かを書き込んだり、絵を描いたり、友だちや教師と一緒に見ます。

就学前学校のさまざまな場所に写真などを貼る――文字どおり、就学前学校のさまざまな場所に写真やドキュメンテーションを貼ります。ドキュメンテーションや写真を壁、床、扉、家具の側面などに貼ると、子どもたちの新たな探究活動を活性化させることになります。

積み木遊びのコーナーに展示されたドキュメンテーション。子どもが見える高さにこのコーナーでの活動の様子を掲示し、自分がしたことを思い出したり、友だちの活動に触発されて、何かをつくろうとするきっかけとしています

スクリーンに映し出された動画の前でドライブ

子どもたちが街で出合った階段を、ドキュメンテーションを見て振り返り、積み木で階段や建物などを組み立てたり、友だちや保育者とともによく訪れる高い建物の写真で遊んだりします。ある時は、レゴ人形を手にして、自分がその高い建物の周りを歩いているかのように動かしていました。

この子どもは、保育者と一緒に、就学前学校の周辺を探索する「街プロジェクト」に取り組んでいました。

プロジェクターによる写真や動画でのリフレクション――「街プロジェクト」の保育者たちは、子どもたちが街を歩いているときに撮影した写真や動画をスクリーンに投影する形で、子どもたちが市内を散歩した際に見たものが探究できるようにしました。左上の写真は、スクリーンに映し出された動画の前で、子どもたちが街の通りをドライブするといった遊びをしているところです。この動画は、就学前学校の近くで、保護者が子どもと一緒に撮影したものです。

また、壁に貼られた大きな白い紙に保育者が街並みの画像を映し出すと、子どもたちは紙に映ったビルや街並みを絵具でなぞり、その形を思い出しながら探究をしていました。

ほかの材料やテクニックによるリフレクション（手や体を使って考える）――前述したように、数人の子どもが階段の写真を見ながらブロックで階段をつくったり、街で見かけた階段を思い出しながら話し合ったりします。

そうかと思うと、就学前学校で捕まえたカタツムリの写真（ラミネートで覆ってある）の上に粘土を貼り付けながら、その形を探究している子どもがいます。彼女は、粘土を貼り付けながらカタツムリのことを話していました。

column　大きなスクリーンを利用した遊びのコーナー

大きなスクリーンに訪れた街の写真や動画を映します。子どもたちは、その映像の前で、街の風景を思い出しながら階段や建物などをつくって遊びます。

スクリーンに森の写真や動画が映され、子どもたちは森のイメージを広げたり、動物のミニチュアを使って遊んだりします。

スクリーンの前にたくさんの積み木を用意する

森の映像が流れるなかで、動物のミニチュアで遊ぶ

スウェーデンのナショナル・カリキュラム(Lpfö18)には、「子どもたちが日常生活で遭遇するデジタル化に対する理解を深め、適切なデジタルスキルを培うための機会を提供する必要がある。子どもたちには、デジタル技術に対する批判的で責任ある態度を身につける機会が与えられるべきであり、そうすれば最終的には活用機会を見いだし、リスクを理解し、情報の評価ができるようになる」と述べられています。

ある就学前学校を訪問した際、ICT 機器の活用方針について尋ねたところ、教師は、「教育活動での活用を通して、子どもたちが受け身の消費者になるのでなく、将来、批判的、創造的に利用できるようになってほしいと考えている」という返答がありました。(白石)

Laptop（ラップトップ）／Ipad（アイパット）やそのほかの材料——写真は、一人の子どもがカタツムリや虫に関するプロジェクトの写真のなかからミミズの写真を探し出したところです。彼女は、小さなブロックのような材料でミミズの形をつくりながら、ミミズに触れたときのことを思い出し、そのときのことを話していました。

写真を見ながらミミズをつくる

教育ドキュメンテーションにおける学びの考え方

教育ドキュメンテーションにおける学びに対する考え方ですが、階段を一段ずつ上っていくような過程としては捉えていません。学びは、「そこ」や「ここ」の関係のなかで起こるものであり、さまざまな方向に曲がりくねりながら進むものであると見なしています。言ってみれば、お皿に盛られたスパゲッティのような、非線形の過程であるということです。

要するに学びは、子ども、保育者、就学前学校の環境や材料の間で集合的に生み出されるもの、と考えられています（参考文献⑯参照）。

言葉の重要な役割

言葉は、学びにとって非常に重要です。それゆえ、就学前学校で絶えず行われているコミュニケーション、対話、そしてかかわり合いのなかで、「学びはどのように生じるのか」に関心が寄せられています。

ただし、子どもたちは、自らを表現する際、話し言葉だけを用いているわけではありません。彼ら自身を表現するさまざまな言葉、たとえば、いろいろな材料で制作したり、算数、ダンス、音楽、アートなどといった表現が非常に重要になってきます。

column　ドキュメンテーション・ウォール

「自然」に関するプロジェクトのドキュメンテーション・ウォール

スウェーデンの就学前学校では、探究活動のドキュメンテーションを室内に掲示しています。子どもたちに見えるところにドキュメンテーションを掲示することは、プロジェクトで取り組んだ活動内容やプロセスを振り返り、次の活動計画を立てることにつながります。経験の関連性や継続性を担保するための一つの方法と言えます。

新年度がはじまる前に、家族と一緒に取り組む課題が出されます。このクラスでは、夏休みの間に出合った生き物の写真を撮影して、持ってくるというものでした。新年度のプロジェクトは、一人ひとりが持ってきた写真について説明するところからはじまります。

レッジョ・エミリアのカルラ・リナルディ（7ページ参照）は、教育ドキュメンテーションによる実践方法の一つは、「同じこと」をそれまでとは違う新しい材料で、またはほかのやり方で「試すようにと」子どもに促すことであるとしています。

たとえば、子どもたちが粘土でつくったものを、今度は絵に描いてみるようにすすめるなどといったことが挙げられます。子どもが再訪し、もう一度見たり聞いたりすることで、新しい方法で学ぶ可能性や、再び学ぶ機会が与えられるということです。

教育ドキュメンテーションでは、子どもたちの問いや理論に耳を傾けることを重要視しています。しかし、それは、単に子どもが話した言葉を聞くことを意味するものではありません。さまざまな角度から探れるように、子どもに疑問を投げかけたり、子ども自身の考えが探究できるような聞き方をすることなのです（参考文献⑯、⑰参照）。

就学前学校教師の役割

教師は、学ぶ必要があるとされる既定目標に向かって子どもたちを導く人ではありません。どちらかというと、「子どもと共同して知識を創造する人」となります。しかし、カリキュラムや教育的な活動には目標や目的があります。教師は子どもの共同研究者ですから、子どもが疑問を抱き、探究することに対して、カリキュラムとのかかわりのなかで関心をもつ必要があります（参考文献⑰参照）。

教師の役割は変化しやすく、すべての状況において常に同じではありません。レッジョ・エミリア市の幼児学校の創設者であるローリス・マラグッツィ（5ページ参照）は、前述したように、ドキュメンテーションの実践を着想した人ですが、彼によれば、「子どもたちは教師の仕事をガイドするものと見なせるが、それを可能にするためには、教師は子どもの一歩先を歩く必要がある」（参考文献⑯33ページ）と述べています。

レッジョ・エミリアでは、教師の役割は、子どもの探究と学びを深める質問をすること、つまり、子どもたちの問いや探究を広げられるような質問をすることである、と説明されています。

教師が子どもの「一歩先を行く」ための方法は、主題の内容について十分な知識をもつことです。だからといって、教師が主題について子どもたちに講義することではありません。さまざまな主題についての知識が教師にあれば、子どもたちが何を探究し、どのように行動をしようとしているのかが分かるため、子どもたちの探究心や学びが一層刺激されることになります。

たとえば、新しい材料を加える、適切な課題を与える、深める質問をする、子どもたちが探究する環境を整える、などによって刺激を与えることが考えられます。

教師には省察的なアプローチをとる必要があるわけですが、それは、子どもたちと一緒にすることであると期待されています。教師も子どもたちも、お互いにリフレクトすることが重要なのです。

教師同士のリフレクション

教師は、同僚の教師とリフレクションする機会（ミーティング）を設けます。教師同士のリフレクションはさまざまな方法で行われていますが、一例を挙げると次のようなものがあります。

・**リフレクション・ミーティング**——ドキュメンテーションについての話し合いです。その際には、リフレクションの質問、または下記のようなテンプレートを用います。

子どもの活動	子どもの言葉	環境／材料の影響	リフレクション

・**マイクロ・リフレクション**——その時々で、２、３分の話し合いを行います。
・**お互いの記述を読んでコメントをしあう**——たとえば、「デジタルのドキュメントとその説明」を読んで、それに対するコメントを書きます。
・**１年に１、２回行う規模の大きい評価（evaluation）**[(3)]——子どもたちが何を学ぶべきかという目標や結果をフォローするだけの評価は、子どもの学びのプロセス、つまり子どもたちがどのように学ぶべきかについての検討には貢献しません。どのように学ぶべきかについて知るためには、集団でのリフレクションを行うことが大切です（参考文献⑫参照）。

(3)　各リフレクションは「小さな評価」とされています。

教育ドキュメンテーションと倫理

子どもたちは、ドキュメンテーションづくりに積極的に参加し、リフレクションにも参加すべきです。子どもでも写真や動画の撮影ができますし、教師に撮ってもらいたいものや方法を知らせることもできます。もちろん、書いたり、描いたり、どの写真が面白いかを選ぶこともできます（参考文献⑰参照）。

気を付けるべきことは、すべての子どもが写真に写りたいのか、撮ってもらいたいのかについて知っておくことです。すべての子どもが写真に写ることを喜んでいるのか、心地よいと感じているのかどうかについて、教師は考える必要があります。

もちろん、子どもの写真を撮らなくてもドキュメンテーションは可能です。それぞれの子どもに応じた方法を工夫することが大切です。

年少の幼児について——幼い子どものボディー・ランゲージに注意を払い、それを聴き、観察する必要が教師にはあります。言うまでもなく、年少の子どもは体全体を使って語っているからです。もし、その子どもがドキュメンテーションに参加したくない様子がうかがえたら、子どもに代わって大人や教師が「イヤ（No）」と言う必要があります。

写真などの撮影に関する留意点——スウェーデンでは、保護者から、子どもの写真・動画を撮影することに関する「同意文書」をもらう必要があります。同じく、写真や動画に撮られることを子どもが認めていると明確にする必要があります。

子どもの立場を理解するためには、教師自身も写真を撮ってもらい、そのときにどのように感じたのかについて自らが体験する必要があります。

写真やメモは、子どもの状況を知る一つの方法でしかありません。言うまでもなく、ほかにもいろいろな方法があるということを知っておく必要があります（参考文献⑪参照）。

考えてほしいことは、子どもたちをどのように撮影するのか、どの写真を今後の実践に選択するのかということです。また、子どもたちの興味や活動について、平等に記録しているかどうかについても気を配る必要があります。

スウェーデンでは、言語能力が高い年長の男子のほうが女子よりも目立つといった傾向が見られます。それをふまえつつ、ある活動のほうがほかの活動よりも多く記録されていないかと配慮しています。

教師はこれらのことを無意識に行っていますので、自己批判的に、こうしたことについて同僚と話し合う必要があります。そうすれば、男の子の活動が目立ったり、言語能力の高い子どもの言うことだけが聞き入れられ、決定されてしまうという結果にはならないでしょう。

3　おわりに

あなたが何かに関心を寄せ、ドキュメントを作成したり、メモを取り、写真や動画を撮るという行為は、子どもたちに次の内容を伝えることになります。

「私は、あなたたちの行動に関心があります。あなたたちが行動し、語り、興味を示していることがとても重要なのです」

カメラに集中しすぎないようにしてください。集中しすぎると、あなたがカメラに乗っ取られてしまう可能性があります。カメラは単なる道具でしかありません。もっとも大事なのは子どもです。彼らがどのように感じ、何に興味をもって、どのように探究しているのかが重要なのです。

日本とスウェーデンでは、言うまでもなく、カリキュラムは同じではありません。保育環境やクラスの子ども数、そして保育者の数にも違いがあります。この事実は、日本の保育者が「自らの道」を見つける必要があること、そして、それぞれの保育園、幼稚園、こども園において機能する教育ドキュメンテーションの実践方法を構築していく必要があることを意味しています。

これらのことをふまえて、取り組むようにしてください。

参考文献一覧（References）

1　教育ドキュメンテーションとは何か？

①『子どもたちの100の言葉』（C・エドワーズほか／佐藤学ほか訳、世織書房、2001年、499ページ

②ダールベリほか／著浅井幸子監訳『「保育の質」を超えて』ミネルヴァ書房、2022年、191-195ページ

③Skolverket (1998) Läroplan för förskolan (Lpfö 98),

④Lenz-Taguchi, H. (2013) Varför pedagogisk dokumentation? Stockholm: HLS Förlag. Gleerups. p16, 小林美帆子訳による。

⑤C・リナルディ／里見実訳『レッジョ・エミリアと対話しながら』ミネルヴァ書房、2019年、100ページ。

⑥Palmer (2012) Uppföljning, utvärde-ring och utveckling i förskolan – pedagogisk documentation, Skolverket,

⑦Skolverket (2018) Läroplan för förskolan (Lpfö 18),

⑧プラムリンほか／泉千勢訳、『テーマ活動』大空社、1998年、108～116ページ

2　スウェーデンの教育ドキュメンテーションについて

⑨Barsotti, C. (2011). Mannen från Reggio Emilia. Lund: Studentlitteratur AB

⑩Dahlberg, G. & Moss, P. (2005). Ethics and Politics in Early Childhood Education, Oxfordshire: Routledge

⑪Dahlberg, G., Moss, P. & Pence, A. (2001). Från kvalitet till meningsskapande, postmoderna perspektiv – exemplet förskolan. Stockholm: HLS Förlag.

⑫Dahlberg, G. & Elfström, I. (2014). Pedagogisk dokumentation i tillblivelse. Pedagogisk Forskning i Sverige, 19 (4-5), pp. 268-296.

⑬Edwards, C., Gandini, L. & Forman, G. (eds). (1995) "History, Ideas and Basic Philosophy. An interview with Lella Gandini", The Hundred Languages of Children. The Reggio Emilia Approach to Early Childhood Education. Norwood: Ablex Publishing

⑭Nilson, B. Sterner, L. & Wehner-Godée (2008) Barn och naturvetenskap – upptäcka, utforska, lära. Stockholm: Liber AB

⑮Hultman, K. (2011). Barn, linjaler och andra aktörer, Posthumanistiska perspektiv på subjektskapande och materialitet i förskola / skola. Doktorsavhandling. Stockholm: Stockholms Universitet.

⑯Lenz-Taguchi, H. (2013). Varför pedagogisk dokumentation? Stockholm:HLS Förlag.

⑰Skolverket (2012). Uppföljning, utvärdering och utveckling i förskolan: Pedagogisk dokumentation. Stockholm: Fritzes

付記　本稿は、第71回日本保育学会（2018年）自主シンポジウムでの講演内容に基づいて作成された論文（愛知淑徳大学論集―福祉貢献学部篇―第９号, 2019年）を加筆修正したものです。

第2章

日本における教育ドキュメンテーションの試み

描いた絵を説明する子ども

1 子どもから出発するプロセス

身近な人や環境とのかかわりを通した学び

日々、子どもたちはさまざまな「もの」や「ひと」に出会い、心身の諸機能を使って働きかけ、その結果を全身の感覚で受け止め、自分が生きている世界の理解を深めていきます。わが国の幼児教育・保育は、このような子どもの特性をふまえ、子どもの主体的な活動を促すような環境を構成すること、また自発的な活動としての遊びを通して、子ども自らが学び育っていく過程を援助していくことを目指しています。

「幼稚園教育要領」(文部科学省、2017年)の「第１章　総則」では、幼児期の教育は「環境を通して行う」ことを基本とすると述べられており、教師の役割として以下のように記されています。

> 幼児が身近な環境に主体的に関わり、環境との関わり方や意味に気付き、これらを取り込もうとして、試行錯誤したり、考えたりするようになるとの見方・考え方を生かし、幼児と共によりよい教育環境の創造に努めるものとする。(５ページ)

さらに、幼児の人やものとのかかわりが重要であることをふまえ、幼児の主体的な活動を促すような環境を構成するように努めること、幼児の自発的な活動としての遊びが心身の発達の基礎を培うことを考慮し、「遊びを通した指導を中心とすること」と述べられています。

人間の発達は周囲の環境との相互作用を通して遂げられますが、その原動力は、幼児が自ら興味をもって環境にかかわり、自己を十分に発揮するという主体性にあります。この考え方は、幼児期の教育にかぎらず、乳児期からの保育にも通じるものです。

「保育所保育指針」(厚生労働省、2017年)の「乳児保育、１歳以上３歳未満

児の保育に関するねらい及び内容」（14～19ページ）には、身近な人とかかわる力を養うこと、また、周囲のさまざまな環境に好奇心や探究心をもってかかわり、それを生活に取り入れていく力を養うことが述べられています。

さらに、「保育所保育指針解説」（厚生労働省、2018年）には、以下のような考え方が示されています。

> この時期の子どもが、生活や遊びの様々な場面で主体的に周囲の人やものに興味をもち、直接関わっていこうとする姿は「学びの芽生え」と言えるものであり、生涯の学びの出発点にも結び付くものである。（４ページ）

近年における多くの研究では、乳児は生まれた瞬間から積極的に外界を探索し、周囲の人に能動的に働きかけながら学んでいることが明らかになっています。生まれた直後から、周囲の「ひと」や「もの」と主体的にかかわりながら自らが学び、育っていくという認識は、保育指針や教育要領の基底を成しています。したがって、今後、保育の質を高めていくためには、子どもが主体的に周囲の「ひと」や「もの」とかかわる活動に関する実践的な研究の深化および発展が求められると言えます。

そのためには、子どもが遊びを通して何をどのように学んでいるのか、その過程を子どもの視点から捉え、保育者の援助のあり方を検討していく必要があります。いわゆる標準的な発達段階を目安とした一般的な援助ではなく、「その時」、「その場所」をともにする子どもたちと保育者が紡ぎ出す遊びや活動を充実させていくことだと言えます。

言うまでもなく、教育ドキュメンテーションは、今ここで起こっていることを子どもの視点に立って捉え、可視化し、子どもと保育者がそれを共有し、次の展開を考えていく手段となるものです。

保育者は、子どもたちの間で起こっていることに聞き耳を立て、興味の対象は何か、どのような問いがあり、何とどのようにかかわり、探ろうとしているのか、その対象についてどのような知識や経験を有しているのかなどについて捉える必要があります。それらは、ドキュメンテーションを、子どもとともに見て、話し合うことによって可能となります。

一見すると、教育ドキュメンテーションの実践は「PDCA サイクル」（Plan：計画、Do：実行、Check：測定・評価、Action：対策・改善）に類似しているように思えます。確かに、省察的プロセスという意味では共通していますが、子どもの参画という点では違いがあります。

PDCA サイクルは、保育者が目標を立てる（P）ところからはじまり、それが子どもによってどのように実行されたか（D）が把握され、目標が達成されたかどうかが評価された（C）うえで、目標の修正や改善（A）が行われています。たとえ、保育者が子どもの興味や関心、知識や経験の実態を十分に把握していたとしても、また子どもが意欲をもって活動に参加していたとしても、それは、あくまでも保育者の視点が優位となっている状態で進められているプロセスとなります。

それに対して教育ドキュメンテーションは、子どもの興味や関心を可視化し、保育者が子どもとともに興味の対象や問いを共有し、活動の方向性を探りながらともに計画を立て、それを実施していくものですから、子どもと保育者が共同して進めるプロセスとなります。子どもと保育者がともに保育実践をつくっていくもの、と言い換えてもいいでしょう。

わが国の保育実践では、子ども主体、子ども中心が目指されていますが、何をもって「子ども主体」というのか、これについて問い直す必要があると思っています。

教育ドキュメンテーションのプロセス

以下では、子どもと保育者がつくる保育実践のための、教育ドキュメンテーションのプロセスについて説明していきます。

図2は、第1章に寄稿していただいたハンセンさんの**図1**（18ページ）に基づいて作成したものです。ただし、ドキュメンテーションを資料とした話し合いは、子どもと保育者だけでなく、保育者同士で行うことも大切なので、それを付け加えています。

これはあくまでも基本的なモデルであり、この順序をきちんと踏んで進めな

図２　教育ドキュメンテーションのプロセス

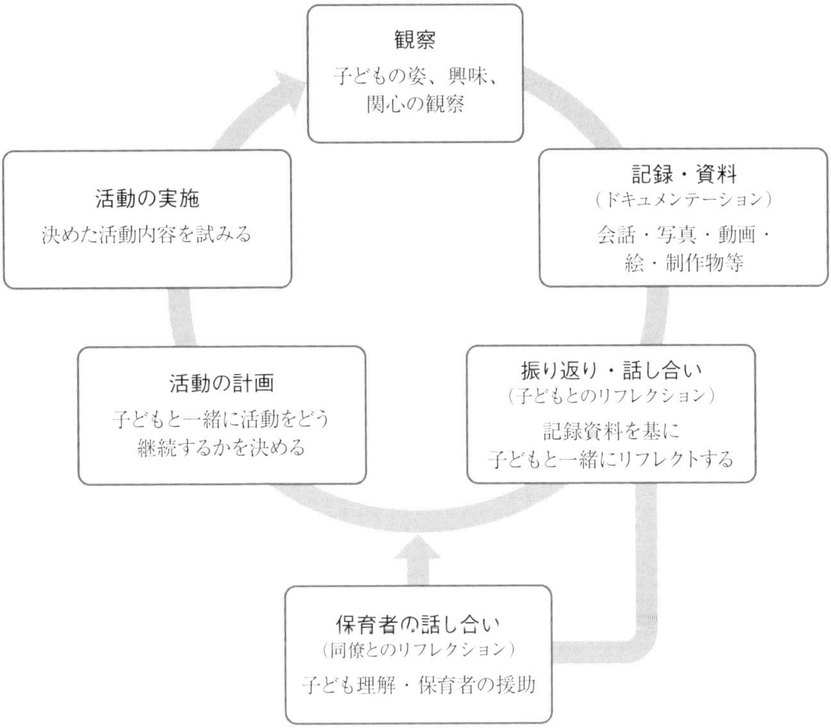

観察
子どもの姿、興味、
関心の観察

記録・資料
（ドキュメンテーション）
会話・写真・動画・
絵・制作物等

振り返り・話し合い
（子どもとのリフレクション）
記録資料を基に
子どもと一緒にリフレクトする

保育者の話し合い
（同僚とのリフレクション）
子ども理解・保育者の援助

活動の計画
子どもと一緒に活動をどう
継続するかを決める

活動の実施
決めた活動内容を試みる

ければならないというものではありません。また、実際には繰り返されるプロセスとなりますので、ある段階をスキップする場合もあります。

❶観察

わが国では、保育実践は子どもの観察からはじまると言われていますが、それは教育ドキュメンテーションでも同じです。子どもたちが、今、興味をもっていることは何か、どのようなことが子どもたちの間で起こっているのか、それを保育者が観察するところが出発点となります。

ただし、教育ドキュメンテーションは探究的な活動に適したツールですので、子どもたちの興味、関心、疑問、不思議や驚き、魅了されていることなどに焦点を当て、**探究の対象や目的は何か**を捉えることが大切となります。

要するに、子どもたちが遊びのなかで特定の対象に好奇心をかき立てられ、個別あるいはグループでその対象を探ろうと能動的に働きかけている姿に着目するということです。その観察は、日々の生活のなかにおいて行います。

子どもたちは、日常生活で見聞きしたり、触れたり、かかわったりしたことに興味や関心、疑問を示します。保育者は、身近な生活のなかにおいて子どもたちが、「どのようなことを不思議に感じているのか」、「何を知りたいと思っているのか」、「その対象について、どのような知識や経験をもっているのか」などをとらえます。

また、子どもは、大人とは異なる感じ方、考え方、やり方で探究していきますから、できるだけ**子どもの視点**に立って理解するように努める必要があります。また、保育者から質問をしたり、言葉をかけて、子どもの反応を受け止めながら観察することも有意義となります。

❷記録・資料（ドキュメンテーション）

次に、観察で得られた情報のなかから、そのときの子どもの興味や疑問の対象や夢中になっていることを選んでドキュメンテーションを作成します。ドキュメンテーションは子どもと活動を振り返るための資料ですから、文字が並んだ記録よりも、その場で起こったことがすぐに思い出せる写真や動画、または子どもが見つけたもの（実物）や子どもの描いた絵や制作物などのほうがよい場合もあるでしょう。

また、写真や動画ですが、子どもの顔や活動の様子全部を含める必要はなく、

つぶれないようにそっと摘まむ

こぼれ落ちる水を感じとる

おそるおそるカタツムリに触れる

子どもが興味をもった対象や現象に焦点を当てて可視化します。そのほうが、対象を見直す機会になったり、そこで起こったことを思い出して（再訪して）、新たな気付きやアイデアにつながる場合が多いものです。

子どもたちが経験したことを、保護者や第三者に説明したり、報告するための記録と、探究的な活動に役立てる資料としてのドキュメンテーションとでは、自ずと焦点の当て方が異なってきます。

❸振り返り、話し合い

ドキュメンテーションを資料とした活動の振り返りでは、保育者はまず子どもたちの声に耳を傾けます。保育者が撮った写真などを見せながら、その活動場面を思い出すように促し、どのようなことが起こったのか、どのようなことを感じたのか、または何に対して不思議に思ったのかなど、子どもの関心がどこにあるのかを探りながら聴きます。

子ども一人ひとりの感想や意見が異なるのは当たり前です。どの発言も価値があるものとして受け止めます。

ただし、このような話し合いは、人数やグループ編成、時間、座席の設定などにも配慮が必要となります。子どもの年齢段階にもよりますが、重要なのは、**保育者が一人ひとりの声を聴きとり、子ども同士がお互いの話を聴けるような条件**を工夫することです。また、１クラスの人数が多い場合は、二つか三つの

感触を確かめながら一歩ずつ

地面に大きく描く

手と泥で描き出す模様

グループに分けることも必要となります。

活動の振り返りをしたあとは、この日に経験したことをふまえて、次にどのような活動をしていくのかについて子どもたちと話し合い、**一緒に計画を立て**ていきます。

❹活動の計画

ここで言う「活動の計画」とは、次に何をするのかを決めることです。保育者は、振り返りの際に把握した子どもの関心がどのような活動につながっていくのかと見通しを立てながら、子どもたちとの話し合いを進めていきます。経験の関連性、連続性を考慮して、これまでの活動を少し変えたり、異なる素材を使ったり、子どもから出された提案やアイデアを取り入れたりします。

ここでは、**保育者の方向づけ**が極めて重要となります。子どもたちの意見を調整するだけでなく、保育者自身の考えを提案することも必要です。特に配慮したいことは、先を急がず、一つのことを多様な方法で試したり、調べたりして、活動を膨らませるように努めることです。

たとえば、子どもたちがある生き物に興味をもった場合には、しぐさや身体でそれになったつもりで遊んだり、観察しながら絵に描いたり、粘土やブロッ

活動を振り返り、次の計画を話し合う

ク、廃材などの素材を用いて表現したりすること、つまり「100の言葉」（viiiページ参照）で語ることが考えられます。そうすることで、一つの対象を多面的に理解することが可能となりますし、その活動のなかから新たな問いが生まれてくることもあります。

また、一つの問題に対して子どもたちから複数の提案が出された場合には、それらを順番に試してみることも一案です。保育者の役割は、子どもたちが課題を共有して、考えたり、話し合ったり、協力して取り組むように援助することです。**保育は、子どもと保育者が一緒につくるもの**であり、保育者の経験や知識を生かした楽しい提案であれば子どもたちからも歓迎されるでしょう。

なお、計画には、長期、中期、短期のものがあります。当面は小さな活動計画を立てて実施していきますが、ある程度続けていくと、１～２週間、１か月、時には数か月と、小さな活動であっても**つながりや関連性**が生まれてきます。このような活動のつながりが見えてきた段階で保育者は、これから先の方向性に見通しを立てながら、今後の展開を子どもたちと話し合います。

教育ドキュメンテーションのプロセスでは、活動のねらいや内容を最初に決めるのでなく、**この段階で、大まかなねらいや方向性を定めていきます**。大まかではっきりしない部分があっても、活動の流れに即して微調整していけば次

想像したことを絵に描いて発表する

第に明確になっていくはずです。

もちろん、その際には、「幼稚園教育要領」や「保育所保育指針」に書かれている「目標やねらい」、「育てたい資質・能力」、「幼児期の終わりまでに育って欲しい姿」を意識して、活動の中・長期的計画に反映していく必要があります。

子どもの発達は、心身の諸側面が相互に関連し合って成し遂げられるものです。したがって、一連の探究的な活動が継続される場合には、結果として、複数のねらいが総合的に達成されることになります。

なお、ここで挙げたように、一つのテーマやトピックに関する探究が広がりつつ継続されていくとき、その活動は「プロジェクト」と呼ばれています（13ページを参照）。

❺保育者同士の話し合い

次の活動の選択をする際に重要となるのが、同僚とのミーティングです。全体的な課題や問題点を確認し、次の活動では何を取り扱うのか、どの部分に重点を置くのかなど、全体的な計画のなかにおける活動の方向性を保育者は考える必要があります。

しかし、そのような見通しを立てることは決して簡単ではなく、迷ったり悩んだりしながら活動の方向性を保育者は探っていくことになるでしょう。その際には、同僚の意見や経験を聞くという機会を設けることが有意義となります。

保育者のミーティング

他者の意見を聞くことによって、**子どもを多角的な視点から捉えられるようになりますし、**子どもたちの興味や疑問の理解、あるいは今後の活動における可能性や見通しについて話し合うことは、**保育者の視野を広げたり、自分の考えを明確にする機会**ともなります。

ただし、目標は柔軟に考えて、活

動中に新たなアイデアが出てきたならば変更を加える必要があります。

なお、できれば、各クラスの活動を報告し、話し合うというミーティングの機会を定期的に設けるようにしてください。また、話し合いは、年齢、性別、経験年数や職位などに関係なく、一人ひとりの意見を同じ価値として認め合い、**非審判的で民主的な関係性**のもとで行われるようにする必要があります。

❻活動の実施

計画した活動を実施する段階では、まず保育者は、子どもたちと今日の活動の目的と方法を確認します。探究的な活動では、**子どもたちが協力して一緒に考え、話し合いながら取り組めるよう**な工夫が求められます。保育者の役割は、必要な材料や道具を整えたり、子どもたちの話し合いや活動の方向性を見定めながら、必要に応じて調整していくこととなります。

また、子どもたちの協同活動に適した人数や構成メンバーを考えることも大切です。保育者が子どもの声や行動について把握できる人数となると、やはり限界があります。初期の段階では、少なくとも二つ、もしくはそれ以上のグループに分けるほうが望ましいでしょう。

なお保育者は、活動の実施中に再び「**観察**」を行います。保育者は、活動を援助しながら、子どもの見方や考え方、やり方など、子どもの視点に立って理解するように努めなければなりません。さらに、そこで起こったことを振り返るための資料となる「**ドキュメンテーション**」を作成します。

教育ドキュメンテーションは、以上のようなプロセスを基本として、これを繰り返しながら活動を継続させていきます。継続といっても、毎日続けるという意味ではなく、興味や意欲が持続することを指しています。

時には、２～３回の活動で充足してしまう場合もあれば、次々と新たな疑問や試したいことが出てきて、１か月、数か月と続く場合もあるでしょう。もし、年度の終わりまで続く場合には、中断されるときがあっても、ドキュメンテーションによって対象への関心や課題への意欲は維持されるはずです。

なお、保育者の期待とは裏腹に、子どもたちの関心や意欲が萎えてしまうという場合もあります。その場合には、子どもたちが興味や疑問をもつほかのトピックに切り替えます。さまざまなトピックを次々に試したり、複数のトピックを交互に行っていくことも可能です。

❼プロジェクト（活動）

繰り返しとなりますが、本書では、以上のような教育ドキュメンテーションの実践を通して展開されている探究的な活動を「**プロジェクト**（活動）」と呼んでいます（13ページ参照）。

子どもたちの興味や疑問を探る小さな活動を教育ドキュメンテーションによってつないでいくと、次第に活動の関連性が生まれ、一定のテーマが浮かび上がってきます。そこがプロジェクトの出発点となり、さらに探究が進められていきます。

プロジェクトのテーマや目標は、最初に決めるのでなく、このように一つの全体的な流れが予想できるようになってから決めます。プロジェクトは、子どもたちが正しい知識や結果を得ることを目的とする活動ではありません。興味や疑問をもった事柄を探っていくと新たな問いが生まれ、さらに探究を続けていくと、また次の問いが生まれるというような探究の面白さを経験したり、友だちや保育者と協同することの楽しさを体験するといったことを目指しています。その過程をサポートするのが「教育ドキュメンテーション」なのです。

2 探究的な活動と教育ドキュメンテーションの実践[1]

以下では、子どもたちの探究的な活動の事例を取り上げ、教育ドキュメンテーションの実践が活動の進展にどのような影響を与えているのかについて見ていきます。この活動を行ったのは、名古屋市西区にある「あかつき保育園」です（53ページの地図参照）。

事例——ヒヤシンスの球根は生きている？

「あかつき保育園」の「ぞうチーム」（３・４・５歳児19名、保育者２名［長

あかつき保育園の外観

谷川礼、古賀野々香]）が2022年度に行った、ヒヤシンスの球根に関する探究的な活動です。

保育者は、ヒヤシンスを育てた過程で起こったことを記録した写真や描いた絵、そしてメモなど（ドキュメンテーション）を資料として「小さい人」（後述参照）と一緒に話し合い、活動で起こったことを共有し、これからどうするか（計画）について話し合うというプロセスを繰り返しました。

もちろん、ドキュメンテーションは保育者のミーティングの資料にしたほか、保護者への掲示や報告書としても利用されました。

以下で、４月から12月にわたるこの活動の様子を紹介していくわけですが、お断りしておくことがあります。「あかつき保育園」では、子どもを「一人の人間として尊重するという姿勢を明確にする」という保育方針をとっており、子どもを「**小さい人**」と呼んでいます。また、保育者を「先生」とは呼ばずに名前で呼

活動の共有と話し合い

⑴　日本保育学会第76回大会自主シンポジウムの実践事例報告（2023年５月）より。

ヒヤシンスのお墓

んでいます（次章で詳述）。そのことをふまえて、以下の記述をお読みください。

また、「**小さい人**」たちの発言に関しては、読者のみなさんが読みやすいように漢字を使った表記としましたが、声のトーンなどを想像しながら読んでいただければ幸いです。

ヒヤシンスのお墓づくり（４月）

４月に入ったある日、小さい人たちは冬から育てていたヒヤシンスが枯れているのを発見しました。そして、「かわいそうだから、お墓をつくってあげる」という意見に、多くの小さい人が賛成しました。

保育者　お墓って、どうやってつくる？
A　お墓ってさ、土に埋めるんだよ。
I　外の遊んでるところ（園庭）に埋めたら？
F　（園庭の）木の近く！
B　でも、あそこ掘っちゃいけないよ。
C　ん〜、使ってないお花のやつ（プランター）に入れる。
B　優しく寝かせてあげよう。（と、言いながら土をかぶせていた。）

保育者の視点

小さい人のなかで、「枯れる＝死」なんだなと感じました。自分たちで育ててきたヒヤシンスを大切にしており、枯れた球根を「かわいそう」と思う感情を大切にしてほしいと感じました。

編著者のコメント

ヒヤシンスを育てたことで、子どもたちのなかに大切に思うという感情が育っていることを、保育者が温かい眼差しで見守っています。子どもたちは、植物を擬人的に捉えて、枯れた状態を人の死と同じであるとしていますが、保育者は、その子どもたちの見方や感じ方をそのままに受け止めています。そして、そこから探究の物語がはじまりました。

「**観察**」では、大人とは異なる子どもの見方や感じ方に着目することが大切となります。

ヒヤシンスが生きてるかも?!（５月）

ある日、「（ヒヤシンスの）お墓の看板が動いてる！」という声が上がりました。そこに集まった人たちと「何でだろう……」と話し合っていると、「もしかしたら、（中のヒヤシンスが）まだ生きていて動いているのかも！」という意見が出ました。

そこで、チームの全員に看板が動いていたことを報告し、どうするかについて話し合いました。

A　やっぱり、まだ生きてるんだよ。

D　球根の中にまだ新しい種があって、それが生きてるから動いたんじゃない？

B　冬が来たから枯れちゃっただけで、死んではないのかも……。

保育者　じゃあ、ヒヤシンスまだ生きてるのかな？　お墓に入れちゃったけどどうしよう。

F　お墓から掘り起こしてあげよう！

そこで、プランターをひっくり返し、ヒヤシンスの球根を探し出し、水で洗ってからルーペで見てみました。５歳児が３歳児に使い方を教えてあげながら、みんなで観察しました。

M　なんか、（球根の）中に白いのがある！

D　これが新しい種なのかな……？

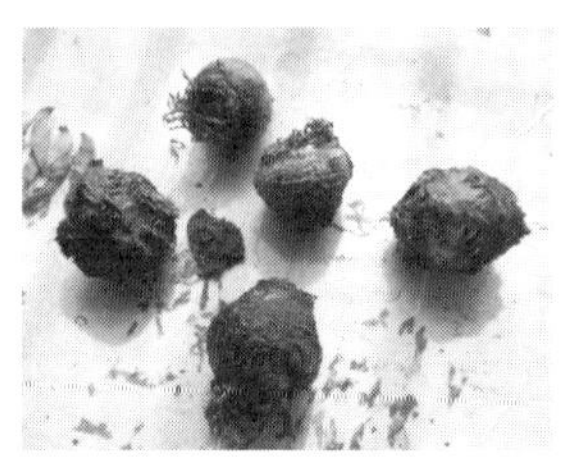

球根をルーペで見る　　お墓に埋める球根　　掘り起こした球根

次に、小さい人たちは、埋める前の球根の写真と見比べて、何が変わったのか、確認しはじめました。

T　（埋める前は）葉っぱがあったのに今はない！
K　動いてるうちにちぎれちゃったのかな？
T　でも、土の中にもなかったよ。
B　根っこも、すごく短くなってる！
保育者　生きているからこうなったのかな？
F　それは分かんない……。
保育者　分からないことは、どうしよう？
D　お花屋さんに聞きに行こう！
B　この前、球根買ったところのお花屋さん！

保育者の視点

話し合いで、球根の中に新しい種があるのではないか、「枯れた＝死んだ」ではないのではないかという意見を出し合う場面において、小さい人の考える力を感じました。埋める前と後でヒヤシンスが変化したのはなぜか、分からないことを分からないままにせず、知りたいという思いが見えたので、意欲をもって活動に参加していると感じました。

編著者のコメント

保育者は、この話題がチーム共通の関心事になるかもしれないと考え、チーム全員で共有しています。一度は、球根は「枯れた＝死んだ」と考えていた子どもたちですが、その認識をくつがえす事実が明らかになろうとしています。

子どもたちは順番に、掘り出したヒヤシンスの球根をルーペで観察しましたが、確証はつかめませんでした。

球根が生きているのかどうかを知りたいと強く望んだ子どもたちは、埋める前にとった球根の写真（**ドキュメンテーション**）と見比べて考えます。そして、「**ドキュメンテーションを資料とした話し合い**」では、子どもたちのさまざまな考えが飛び交っています。

お花屋さんに聞きに行こう！（５月）

お花屋さんに行って、何を尋ねるのかについてみんなで話し合い、紙に書き出しました。

> おはかにいれたら、はっぱやおはながなくなったのは、なんで。
> なんでつちでそだてたヒヤシンスのほうがながくさいたの。
> ヒヤシンスはいきていますか、しんでいますか。

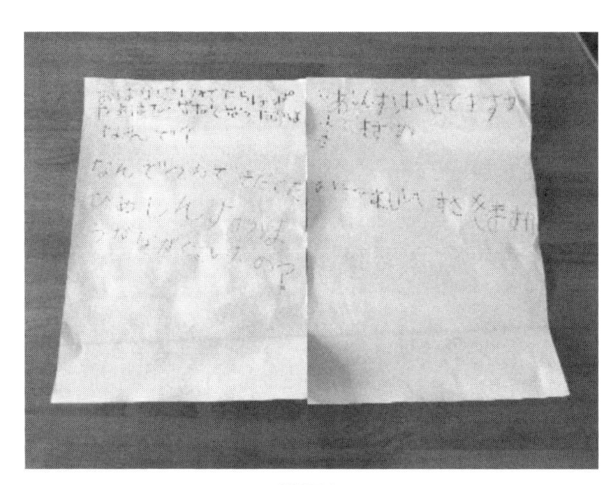

質問表

そして、みんなでお花屋さんに行きました。

C　お墓にヒヤシンスを入れたら、お花とかがなくなったのはどうして？
花屋さん　土に入れるとね、ドロドロに溶けて土になるからだよ。
E　お墓に入れたヒヤシンスはまだ生きてますか？　死んでますか？
花屋さん　根っこがまだついてたら、生きてると思うよ。また土に入れたら咲くかもしれない。
全員　（根っこが）ついてる！
B　ぞうチームの、ついてるね！　生きてるかもね。
A　なんで土で育てたヒヤシンスは、水で育てたのより長く咲いてたの？
花屋さん　水だと根っこは自由に育つけど、土は固くて、力がたくさん必要だからゆっくり育つんだよ。

保育園に戻ってから、花屋さんに教えてもらったことをみんなでもう一度振り返りました。

F　葉っぱとか花は、ドロドロに溶けたって言ってた。
T　溶けたら土になるって！
保育者　そうそう！　溶けちゃうって言ってたよね。ほかには？
A　まだ生きてるって！
保育者　球根がどうなってると生きてるんだった？
G　根っこがあること。根っこが取れると死んじゃうって言ってた。
T　あと、水だと根っこはいっぱい出てくるけど、土だと固いから力がたくさんいるって！　だから、ゆっくりだったんだよ。
T　それから、大きいやつ（プランター）じゃなくて、小さいやつに一つ一つ入れてねって。
保育者　球根の白いとこ（部分）のことも教えてくれたよね？
C　そうだった！　白いのは、また育つための種って言ってた！

話し合いのあと、お花屋さんから教えてもらったことを忘れないように、紙に書いて残すことにしました。

保育士の視点

お花屋さんに何を聞きたいのかについて話し合ったとき、たくさんの内容が出てきて、小さい人たちにもこんなに探究心があったのだなと感じました。3歳児は、ほかのものに興味が移ってしまった場面もありましたが、気になることには耳を傾けていました。

まだヒヤシンスは死んでいないことや、また冬に育てられることが分かったため、今年度もヒヤシンスを育てていきたいと話し合いました。

編著者のコメント

お花屋さんに行って何を尋ねるのか、その質問リストは話し合いの記録であり、子どもたちによる「**ドキュメンテーション**」となります。話し合った内容を書き留めることは、自分たちの問いを明確にさせます。また、話し合うことによって新たな問いも生まれており、経験を振り返りながら思考をめぐらせている様子がよく分かります。

子どもたちの「球根が生きているかどうか」という問いに対する答えは、お花屋さんから得ることができました。子どもたちは、お花屋さんから聞いたことを振り返りながら、冬には自分たちの目や手で確かめたいと、次の「**活動の計画**」を話し合っています。

ヒヤシンスを育てた過程を振り返る（9月）

今年度も秋にヒヤシンスの球根を植えることを計画していますが、その前に、昨年度どのように育ったかを、栽培記録（ドキュメンテーション）をもとにしてみんなで振り返ることにしました。

次ページに掲載した写真は、これまでに撮影した写真を小さい人が整理しているところです。

日付順にヒヤシンスの写真を整理する

昨年度は、水と土の両方でヒヤシンスを育てていました。水のほうが早く花が枯れ、土のほうの花は長く咲いていたことを疑問に思い、それについても花屋さんに尋ねました。そして、水の中だと根っこは自由に育ち、土は固くて根っこが伸びるのに力が必要だから、ゆっくり育つと教えてもらいました。

そこで、水と土、それぞれ芽が出たり花が咲いたりしたときの写真を日付順に貼っていき、年表のようなものをつくりました。それを見た小さい人たちは、次のように話し合っていました。

水と土のヒヤシンスの育ちを比べる

A　水のほうは花が咲いてて、土のほうはまだつぼみだよ。
E　やっぱり、水のほうが成長が早いね。

ヒヤシンスを植える（12月）

冬になり、昨年度のヒヤシンスの球根と新しいヒヤシンスの球根を植えることになりました。まず、二つの球根を比べてみました。

T　こっち（新しい球根）よりも、こっち（古い球根）のほうが紫色が濃い！
F　根っこが生えてるのと、生えてないの！
B　去年の根っこがまだ残ってるんだよ！

そして、水と土の両方で育てて、育ちの違いも見ていこうということになりました。新しく買った球根には「花壇用」と書いてあったので、「水で育つかどうかは分からない」とみんなに伝えました。

すると、「実験してみよう！」という意見が出て、みんなが賛成したので、水と土で育てていくことにしました。

ちなみに、土で育てるほうには、球根の説明書に「排水がよいもの」と書いてあったので、穴を開けていたペットボトルに植えました。要するに、市販されている植木鉢と同じ原理です。昨年度のことを思い出しながら、みんなで一緒に育てようと話し合いました。

土で育てるヒヤシンス

水で育てるヒヤシンス

編著者のコメント

運動会が終わり、秋の「**活動の計画**」を立てはじめる時期に、保育者は子どもたちと以前の活動を「**振り返り・話し合う**」という機会を設けました。保育者は、ヒヤシンスの活動から離れていた子どもたちに、お花屋さんに聞いたことを思い出してほしいと考え、昨年行ったヒヤシンスの栽培記録（**ドキュメンテーション**）の整理を提案しました。

子どもたちは写真を見比べながら、「今年はヒヤシンスをどのように育てるか」について話し合い、生きていた球根と新しい球根を、水と土の両方で育てるという実験を計画しています。

前回の活動とは時間的な隔たりがあるにもかかわらず、子どもたちの問題関心は変わることなく持続しています。そこでは、お花屋さんから聞いた話の記録と昨年の栽培記録（**ドキュメンテーション**）が重要な役割を果たしています。

もちろん、栽培記録の整理を通して、次なる探究の課題について「**話し合う（子どもとのリフレクション）**」という機会を設けたことが功を奏していると言えます。

教育ドキュメンテーションは、このように、子どもたちの探究的な活動を支えるツールとなります。

第3章

教育ドキュメンテーションによる保育実践例

ドキュメンテーションを見ながら

本章では、教育ドキュメンテーションによる探究的な活動実践の様子を報告していきます。どの実践も、前述した教育ドキュメンテーションのプロセスをふまえて試みたものです。子どもたちは、保育者の援助を得ながら、興味や疑問をもったことを調べたり、試したり、表現したりしながら探究を進めていくことになります。

実践事例を通して、教育ドキュメンテーションが探究的な活動をどのように支えているのかについて考えたいと思います。

1 取り組みの経過　（以下、記述者の所属は2023年当時）

山中健司（社会福祉法人「共育ちの会」理事長、あかつき保育園園長）
内山沙知（あかつき保育園主任保育士）

「社会福祉法人　共育ちの会」の概要

改めて、「社会福祉法人　共育ちの会」の紹介をしておきましょう。本法人は、名古屋市内に保育園３園と東海市に児童養護施設「暁学園」（〒477–0037　愛知県東海市高横須賀町北人鎌16　TEL：0562–32–3817）を運営しています。

本書で取り上げる保育園は、「あかつき保育園」、「あかつき田幡保育園」、「あかつき三の丸保育園」の３園となっています。

前章で少し説明しましたように、保育園では子どもを「人」として尊重しているため、「子ども」と呼ばずに「**小さい人**」と呼び、「**安心、自信、自由**」を保育方針として運営しております。

「**安心**」とは、「あなたが大好き」とか「あなたが生まれてきてくれて私たちは幸せなんだよ」ということを保護者と一緒に伝えたいという思いから導き出した言葉で、「**自信**」は、「あなたは、あなたのままでいい」ということを伝えることで、「私は私でいいんだ」という自己肯定感につながるといった願いが込められた言葉です。さらに「**自由**」は、「自信」をもった小さい人がさまざまな活動や行動を起こすとき、大人の提案に「『いや』と言っていいよ」ということを前提としており、選択する権利が行使できるように、と考えて設定された言葉です。

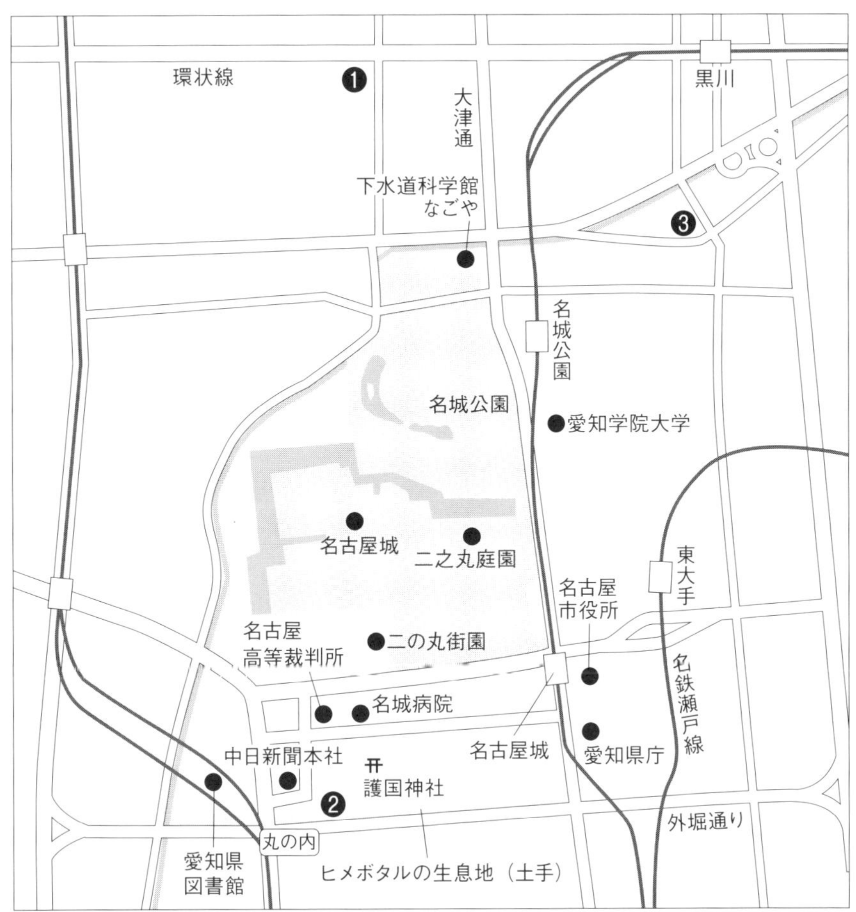

❶あかつき保育園
住所　〒451-0025
名古屋市西区上名古屋4-13-32
TEL：052-531-0928
（1952年設立。0歳児から5歳児まで定員128名）

❷あかつき三の丸保育園
住所　〒460-0001
名古屋市中区三の丸1-7-6
TEL：052-218-77169
（2012年設立。0歳児から3歳児まで定員30名）

❸あかつき田幡保育園
住所　〒462-0845
名古屋市北区柳原3-6-41
TEL：052-325-2216
（2015年設立。0歳児から5歳児まで定員100名）

ドキュメンテーションによる保育実践のはじまり

今から約８年前、「あかつき保育園」では、保育の質をいかにして向上させるか、保育の記録をどのようにするのかという課題に直面していました。まずは保育の記録を研究することになったのですが、写真を活用したドキュメンテーションという方法を知り、愛知淑徳大学（当時教授）の白石淑江先生にお願いし、学習会をはじめました。そのなかで、今までとは異なる保育活動のあり方を発見したわけです。

それは、小さい人の興味や関心から出発し、その活動を深め、広げながら継続していくという「プロジェクト活動」というものでした。言葉を換えれば、「つづきのあそび」という感覚の重要性に気付いたということです。

かねがね、保育園や幼稚園の遊びは時間で区切られている（「～の時間だから片づけをしよう」など）場合がほとんどで、何とか「つづきのあそび」をすることはできないものかと思っていました。そして、約８年前、白石先生にお願いして、スウェーデンのドキュメンテーションを活用したプロジェクト活動についての学習会を開催したわけです。

１か月に１回、白石先生に来園していただき、活動の様子を見ていただいたあとに保育者とのカンファレンスを実施し、それを活動に反映していきました。

クラス編成

あかつき保育園では、０、１、２歳児は年齢別のクラスで生活し、一人ひとりを大切にしようという思いのもと、毎月ポートフォリオを作成しています。一方、３～５歳児は異年齢のグループを編成しており、そのグループを「チーム」と呼んでいます。１チームの人数は18～20人で、２人の保育者が担当しています。

なお、生活の基本は異年齢となっていますが、各年齢段階の発達が見えにくいということで、週に１回は同年齢のクラスで過ごす日を設けてしています。

基本的に、毎年チームの編成は組み直していますが、プロジェクト活動で時間的に取り組めなかった課題や疑問が残り、もう少し継続していきたいというときにはチーム編成を変えないこともあります。

小さい人の世界は、大人の世界をそのまま小さくした世界ではありません。小さい人にしか見えないものがあり、独特の感性があります。私たち保育者は、そのような世界を大切にして、一緒に楽しんでいきたいと考えています。

１年間の活動（幼児）の流れ

４～５月頃はさまざまな遊びができるよう部屋にコーナーをつくって自由に遊び、保育者は、みんなの興味や関心がどこにあるのかと探りながら、写真やメモをとり、それを材料にしてドキュメンテーションを作成していきます。次に、そのドキュメンテーションやその作成に使った写真などを見ながら小さい人と話し合いをして、興味や関心のあること、やりたいことを絞り込んでいきます。

今週の活動について話し合う

このミーティング（話し合い）はとても大切で、「何を話してもいい」、「ほかの人の意見を否定しない」、「できないと言わない（できる方法を工夫する）」などのルールを基本として行っています。また、ミーティングには大人も参加しますので、当然、大人にもこのルールが適用されます。

次に、ミーティングで明らかになった興味や関心を具体的な活動につなげていくわけですが、これまでは、興味や関心のあるもの（水族館や遊園地、忍者屋敷）をつくることが多かったです。それらの活動を、できるだけチームのみんなで協力して、継続して取り組んでいくようにしました。

とはいえ、1年を通した活動となりますので、夏の生活（年長児のキャンプ）、運動会や発表会、作品展などの行事をどうするのか、という点での議論がありました。その結果、日本独特の行事や園として大切にしたものは残そうということになり、なくせる行事は中止としました。とはいえ、行事前の期間は活動を中断することになります。そのため、中断する前には必ず写真やドキュメンテーションを見ながら、今まで行ってきたことを振り返り、「みんなで行事を頑張ろう！」と話しています。

行事のあと、久しぶりに活動を再開するときにも同じように写真やドキュメンテーションを見ながら活動を思い出し、これから何をしたいのかについて話し合っています。

さて、当園では、毎年2月に、その年度につくった作品を保護者の方に見てもらうという「作品展」を実施してきました。作品展では、完成見本を参考にして一人ひとりが制作した絵や作品を展示するというのはやめ、チームで1年をかけて取り組んだプロジェクト活動の様子や、その過程でつくり上げた作品を大きく展示するという方法をとりました。言うまでもなく、小さい人が自由に表現していることを大切にしたいという思いからです。

作品展の最後には、つくり上げた作品を使ってみんなで遊ぶという機会を設けています。小さい人たちはこの時間をとても楽しみにしていて、一番大騒ぎするときでもあります。

このような活動に合わせて、保育環境の整備も変えていきました。かつては保育者が壁面の飾りつけをしていたのですが、小さい人がその時々に表現したものを展示するようにしました。また、小さい人が何かをつくりたいと思ったとき、自らが取りに行って自由に使えるように、備品（テープ、のり、ボンド、絵具、ペンなど）の置く場所を決め、さらに写真を貼って、誰にでも分かりやすいようにしました。

そのほか、廃材（ダンボール、牛乳パック、ペットボトル、空き箱、カレンダーの裏紙など）や材料（ビーズ、リボン、モール、お花紙、色画用紙、模造紙など）をいつでも使えるように準備しています。

ところが、３年くらい前から、何かをつくるというよりは、小さい人たちの興味や関心を深めるという活動に変わってきました。いろいろなことに挑戦して、活動は継続されているのですが、「作品」と呼べるようなものをほとんどつくっていないこともありました。そこで、「作品展」という行事名を廃止し、「**プロジェクト活動報告会**」というネーミングに改めました。

ドキュメンテーションによるプロジェクト活動をはじめてから、このように保育方法は年々変化しています。今後は、この報告会も小さい人自身が行えるようになっていければいいなと思っています。

実際、活動の最盛期には、ほとんどの小さい人たちが園に来ることを楽しみにしながら帰宅するといった、目が輝く日々を過ごしています。そんな実践の一例を次節で紹介していきます。

このような変化は、もっと前から起こっていたことかもしれませんが、保育者自身が気付いていなかったように思います。振り返ってみると、取り組みはじめたころに比べると、現在は大事な部分（小さい人たちが疑問をもったり、違いに気付いたり、試してみたいこと）に気付き、それを探究していくように、声をかけたり援助するようになっています。

このような変化は、毎週月曜日に行っている保育者同士のミーティングによって明らかになったと思います。小さい人が表現したものや写真、ドキュメンテーションを見ながら、先週行ったことと今週の予定を話し、小さい人が気付いたり、感じていることをふまえて、大切にしていきたいことなどについて話し合っています。このミーティングがあることで、プロジェクト活動が教育的なものになっているように感じています。

保護者の声と連携

あかつき保育園では、入園を希望している人を対象にした園の「見学会」において、ドキュメンテーションを使ったプロジェクト活動について説明しています。また、園のホームページにも「あかつきの保育」として掲載しています。

入園されると、写真掲載についての意向を記入してもらい、クラス便りやポートフォリオなどで小さい人たちの様子を伝えていき、2歳児のクラス懇談会では、プロジェクト活動や異年齢のチームの説明を重点的に行い、「プロジェクト活動報告会」にも参加してもらっています。また、3歳児では、異年齢チームにおいてプロジェクト活動に初めて触れていくことになります。ここで再度、白石先生との研究についての同意書を提出してもらうという形で、保護者の意向を確認しています。

保護者からは、小さい人たちが興味をもっていることや園で行ったことを、「家に帰ってからも話している」という話を聞く機会が多くなってきました。そこで、保護者にも参加していただき、小さい人との会話が増えたら嬉しいと考え、みんなで悩んだり、困ったりしたときには、「お家でお母さんたちに聞いてみて」や「どうやったらいいのか考えてきてね」と伝えるようにしました。

また、小さい人から「○○になって遊びたい」という希望が出てきたときには、「明日は○○になります。○○になれるものがありましたらお持ちください」とメールでお知らせしています。実際、「バイクに乗りたい」という人のために、「大きなバイク募集中」と園に掲示したこともあります。

このような形で、保護者のみなさんにも、小さい人たちと保育園では実現が難しいときにご協力をいただいています。

プロジェクト活動に対する保護者の声を紹介しましょう。

「素敵な経験をさせていただき、ありがとうございます」

「あかつきといえばプロジェクトだと思っている。これからも続けてほしい」

「家(うち)の子が、こんなに積極的に意見を言えるなんて思っていなかった」

また、小さい人たちが家で話す内容も変わってきているようで、「何でお日様は沈むの？」、「空の色はなんで変わるの？」、「妖怪は本当にいるの？」などの質問に対して、保護者が困っているという話を何度も聞きました。そういうときは、次のように答えています。
「『なんでだろうね』と一緒に考えてみてください。そして、どうしても困ったら、そのまま『保育園のみんなで考えてきて』と言ってください」
　そして、その話題がプロジェクト活動になっていくこともありました。

コラム　■懇談会で保護者に説明■

　保護者を集めて、園での様子をお話しする懇談会を年に２回実施しています。初めの懇談会は横年齢のみで、簡単にプロジェクトの話をし、後半の懇談会は異年齢チームと同年齢チームの２部制となっています。この場において、各異年齢チームが「プロジェクト活動報告会」の前に、今まで行ってきたことをまとめ、それをプロジェクターで映し出し、詳しく伝えています。
　みんなが思ったこと、考えたこと、そして実際に行ったことについて、具体的に順を追って説明していきます。保護者の方からは、次のようなお言葉をいただいております。
「この説明を聞けて、子どもの言っていることがよく分かりました」
「この話を聞いて、プロジェクトの報告会が楽しみになりました」
「子どもと家で振り返るきっかけになってよかった」
「一つのことがきっかけで、こんなふうに広がっていくなんて想像もしなかった。家でも何かさせたほうがいいのか？　自分のかかわり方を少し考えた」
　保育園としても、後期の懇談会を「プロジェクト活動報告会」の前に行うことを決めています。このような場が、詳しくプロジェクトの内容やプロセスを理解していただき、「プロジェクト活動報告会」を見ていただく貴重な機会だと思っています。

保護者の懇談会で、プロジェクトの取り組み概要を報告する

2 実践例——身近な自然と触れ合い、友だちとつながる

辻香織、武笠まちえ（あかつき三の丸保育園）[1]

園の概要

あかつき三の丸保育園は、名古屋市中区にある市有地を活用して建てられた、定員30名（0歳児6名、1歳児8名、2歳児8名、3歳児8名）の準乳専型保育所の保育園です。名古屋城の城郭内にあり、世界的にも珍しいヒメボタルの生息地となっています。つまり、都会のなかでありながら大自然が堪能できるという、環境に恵まれた場所なのです。

それゆえ、保育実践においては、小さい人たちが好奇心や探求心をもって身近な自然とかかわり、見たり、触ったり、発見するといった経験を大切にしています。

三の丸保育園の外観（右側が外堀の堤）

外堀沿いに立つヒメボタルの案内

さらに、友だちとともに、嬉しい、悔しい、悲しい、楽しいなどの感情を分かち合い、そのなかで互いの思いや考えなどを共有し、共通の目的をもって仲間と一緒に遊びをつくり上げていってほしいと願っています。

小さい人が主体的に遊ぶ援助として、以下のことを心がけています。

❶幼児期の体験として、思いを発信するばかりでなく「感じる」ことが大切だという考えのもと、「〜したい」という言動になる手前の「感じる」部分を一緒に味わう。

❷小さい人が主体性を発揮したとき、もっとよくできるようになりたいという意欲や、もっとよく知りたいという探求心につながっていくような働きかけを行う。

❸小さい人の感覚や感情、意欲を受け止めるだけでなく、興味を抱いた活動につながる可能性をもった遊びを予測し、それを提示したり、モデルとしての遊びをつくり出す役割をし、「心が動く環境」を提供する。

保育実践においては、日々の小さい人の姿を写真や文章で記録したドキュメンテーションとポートフォリオの作成を行っています。ポートフォリオとは、一人ひとりの発達や遊びの様子を継続的に観察し、記録したもので、ドキュメンテーションでは、クラスの小さい人たちの興味・関心や活動の様子に焦点を当てています。

担当の保育者が毎月１枚作成し、１冊のファイルに綴じて、保護者がいつでも見られるようにしています。また、それを職員同士で共有して話し合い、小さい人の理解やその後の活動の展開に役立てるとともに、保護者とも共有しています。

ドキュメンテーション、ポートフォリオに用いる写真は以下の視点をふまえて選ぶようにしています。

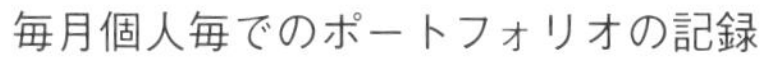

毎月個人毎でのポートフォリオの記録

ポートフォリオ、ドキュメンテーション会議

(1)「令和４年度愛知県保育研究集会」主催：愛知県、名古屋市、愛知県社会福祉協議会、愛知県保育士会、2023年２月の発表より。

❶小さい人の興味や関心、環境とのつながりや他者とのかかわりが見えるもの。
❷小さい人の育ちが見えるもの。
❸明日へのつながりが見えるもの。

また、文章（コメント）の記述においても、小さい人が何に興味や関心をもっているのか、そこにどのような育ちがあるのか、明日にどのようにつながるのかが期待されている様子を明確にするように心掛けています。

以下では、2019年度の４月～10月に、２・３歳児クラス（２歳児８名、３歳児８名の計16名、正規保育士２名、パート保育士１名）において、園庭のそばにある土手の自然を利用し、「保育所保育指針」にある「環境」のねらいである「周囲の様々な環境に好奇心や探求心をもって関わりそれらを生活に取り入れていこうとする力を養う」ことを軸に、主としてドキュメンテーションを活用しながら、小さい人が主体的に遊んだ実践の様子を記していきます。

４月――ダンゴムシブームの到来

冬の間行かなかった公園で、久しぶりにダンゴムシを見つけた小さい人たち。その一人が発した「ダンゴムシ見つけたよ！」という言葉を聞き、ほかの小さい人も次から次へと地面を凝視しはじめました。この日は、ビニール袋を持っていかなかったので、「今度来るときは持ってこよう」と話していました。

翌日からは、散歩に行くたびにビニール袋を持参するなど、小さい人の間では「ダンゴムシブーム」が到来したようです。

草の根元をめくるとたくさんのダンゴムシがいたり、石を横にどけると、白くて動かないダンゴムシが発見されました。かつて見たダンゴムシとは違う姿に気付いた小さい人から、「なんだか小さいね」とか「でも、たくさんいるね」という気付きや、「（冬に公園に行ったときには）ダンゴムシを探したけどいなかったよ。どうして、急に出てきたんだろう？」といった疑問が出てきました。「みんなも、寒いより暖かいほうが好きだよね。寒い間、ダンゴムシはどこかに隠れていて、暖かくなったから出てきたんだよ」と、保育者が話しました。

ダンゴムシを発見した日の様子

5月――大流行！　ダンゴムシロック

散歩に行くたびに捕まえたダンゴムシは、園庭で逃がして動く様子を観察したり、手に取って裏返しになったダンゴムシのおなかを観察したりと、小さい人たちのダンゴムシへの好奇心はさらに高まっていきました。

1年を通して踊った「ダンゴムシロック」

その様子を、ポートフォリオやドキュメンテーションを資料にして保育者間で共有し、話し合うなかで、ダンゴムシをただ捕まえて触って遊ぶだけでなく、違う形で、また室内でダンゴムシに関連した遊びを楽しむことはできないだろうかということになりました。

調べてみると、「ダンゴムシロック」というダンスが見つかりました。これを２・３歳児用にアレンジして、踊ってみるとみんな大喜びです。すっかり「ダンゴムシロック」のとりことなり、それからというもの、１年を通して踊っていました（前ページの写真は、冬に踊っている場面です）。

６月——虫メガネで見てみよう

ダンゴムシを夢中で探す遊びを楽しむなかで、小さい人たちの興味は、次第にダンゴムシを取り巻く自然物へと広がっていきました。そして、保育者に「こんなものあった」とか「面白いよ、見て！」と言いながら見せに来たり、なかには、「何か模様がある。もっと見たいなぁー」という発言もありました。そこで、虫メガネを準備することにしました。

虫メガネは大人気でしたが、五つしかなかったので、興味をもったものを交

～虫メガネで見てみよう★～

「小さくてあまり見えない。」という小さい人の意見から、虫メガネを準備しました。五つしかない虫メガネは大人気。みんな交代で、虫メガネで興味があるものを見ていました。中には、石の模様をずっと見ていた小さい人もいました。

虫メガネを使っていろいろなものを観察する

代で見るようにしました。体感した驚きを友だちや保育者に知らせる人、ひたすら石の模様を見つめ、自分の世界に浸っている人など、探究心の旺盛さを改めて感じてしまいました。

ヨモギ団子づくり

６月中旬ごろ、土手で（園舎と名古屋城の外堀の間にある）で遊んでいたとき、ある人が「この草、いい匂い」と言いながらヨモギを見つけました。保育者が、「ヨモギは草餅の中に入っているよ」伝えると、「食べたい～！」と大合唱になりました。そこで、みんなで摘んだヨモギを使って、ヨモギ団子をつくることにしました。

ヨモギ団子をつくりながら、「スースーする匂いだね」とか「なんか、雨のにおいがするよ」という声が聞こえてきました。

つくった生地は、小さい人が団子状にして、電気蒸し器で蒸しました。ヨモギの香りが保育室中に広がり、みんなでき上がるのを楽しみに待ちました。

蒸し上がったお団子は、調理室で小豆のアンをからめて、おやつとしていただきました。自分がつくったヨモギ団子の味は格別なのでしょう、みんな目を丸くして美味しそうに食べていました。

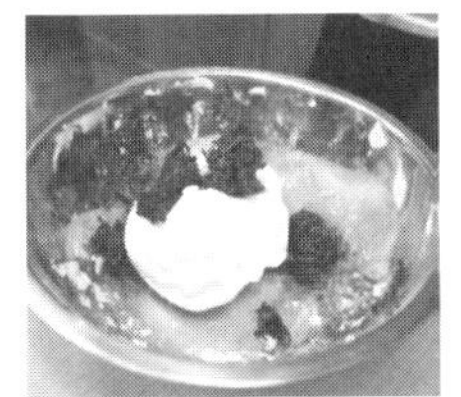

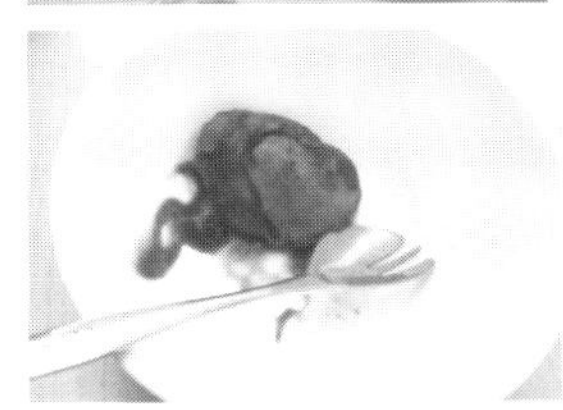
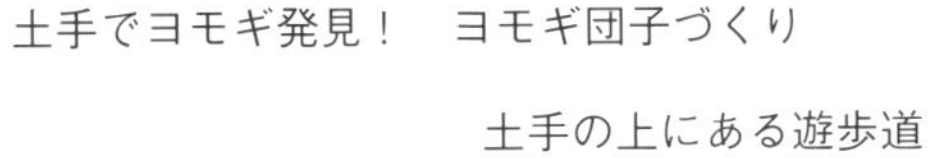
土手でヨモギ発見！　ヨモギ団子づくり

土手の上にある遊歩道

草木染め

ヨモギ団子をつくったとき、ヨモギの葉から出るきれいな緑色の「汁」を見てびっくりしていた小さい人たち。植物から出る「汁」をもっと体感してほしいと思い、今度は草木染に挑戦することにしました。ヨモギのほかにヘビイチゴや桑の実を加えて揉み、その汁の中に布を一日間漬けます。布を折って、開いてこないように洗濯バサミで止めました。

決して鮮やかとは言えませんが、やさしい自然の色合いに仕上がりました。小さい人たちが布に顔を寄せて、草の香りを確かめるようにしていた様子が印象的です。

草木染に挑戦！

土手で摘んだ、ヨモギ、ヘビイチゴ、園庭で取れた桑の実を利用して、草木染に挑戦しました。

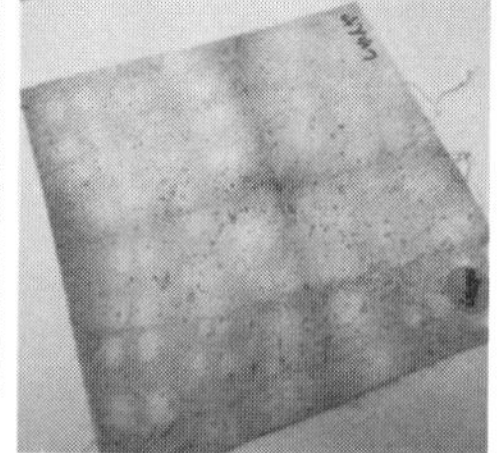

草木染ができるまで

土手の豊かな自然

土手でヨモギを見つけてからというもの、小さい人たちはそのほかの草も気になり出しました。園の近くに生えている草木にしっかり目を向けるようになり、「この葉っぱ、丸いね」とか「この草は背が高い！」と言いながら、土手にさまざまな草が生えていることを発見していきました。

また、草にも名前があることを知り、見つけた草の名前を保育者と一緒に植

土手に生えている植物

土手で「いいもの」探し

物図鑑で調べるという機会が増えていきました。当然と言うべきでしょう。小さい虫にも気付くようになり、ヒメボタルのエサになる珍しいカタツムリ（オオケマイマイ）も見つけています。

名古屋という大都会に広がる自然、見捨てたものではありません。当然、保育者は、見つけた植物などを写真に撮り、いつでも見られるようにしています。

７月――友だちと「楽しい」を共有する

土手というかぎられた空間とはいえ、豊かな自然に触れて過ごすなかで友だちとのかかわり方にも変化が見られるようになりました。一人で見つけるという楽しさから、発見したことを友だちと共有しながら楽しむようになったのです。

なかには、葉っぱでお面をつくったり、ヘビイチゴを集めてフルーツ屋さん

葉っぱは友だち　～見つける、摘む、集める～

土手遊びを始めていろいろな草があることに気付いた小さい人たちは、毎日のように、自分が気付かなかった草を見つけて楽しんでいました。そして、気に入った同じ草を集めて遊んでいました。

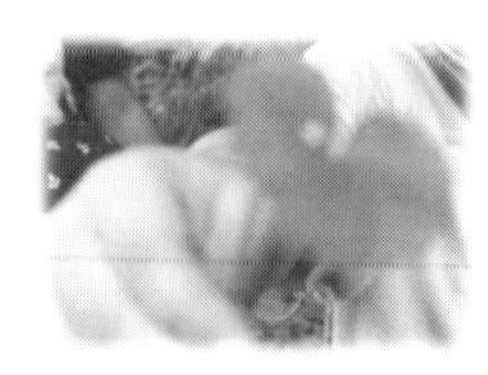

いろいろな形の葉っぱ

ごっこをする、気に入った草を友だち同士で何かに見立てるなど、自然のものを利用して遊ぶという姿が見られるようにもなりました。まさに、「自然は友だち」という感じです。

９月——葛(くず)のツルで綱引き

少し涼しくなると雑草の勢いが弱まります。すると、葛のツルがたくさん見られるようになりました。保育者が草むらをかき分けてツルを引っ張り出すと、土手の通路がツルであふれ返りました。

突然、何かひらめいたようです。小さい人がツルで綱引きをはじめました。１人が引っ張ると、２・３人がそれに続いて引っ張り出し、綱引きはいつのまにか「大合戦」に変貌していました。おかげで保育者も、本当にいい汗をかきました。

葛のツルで綱引き

10月——カラスウリの収穫

秋風が吹きはじめると土手にも実りの季節がやって来ます。小さい人たちが発見したのはカラスウリです。それを「スイカ」と言って、競うようにして収穫していました。そして、冬に向かって緑の実が赤く色づいていくと、今度は「カボチャ」と呼び名を変えていました。

土手で遊んでいると、緑色の「スイカ」のような実を発見！　保育者が「あれはカラスウリだよ」と伝えましたが、小さい人たちは「スイカ」と言って収穫を楽しんでいました。
また、実が緑から赤色に変わると、呼び名が「カボチャ」に変わりました。

カラスウリブーム到来！

あるとき、小さい人が「今日はどうしてたくさんとれたの？」と言ったので、保育者が「風が強かったから、葉っぱが動いて『スイカ』が奥から顔を出したんだと思うよ」と答えると、「じゃあ、風さんにお礼を言わないと……」と言いながら、何人かが空を仰ぎながら、声をそろえて「ありがとう！」と叫んでいました。

すると、一人の小さい人が木の枝の形がゾウの顔に見えることを発見し、それをそばにいる人たちに伝えて、「ゾウさんが見ている」と言いながらみんなで楽しんでいました。

空を仰いで

驚くべき観察力、そして創造力です。空を見上げ、写真に写っているような木々を見て、ゾウを連想する大人はどれほどいるでしょうか。今、改めて見ると、確かにゾウに見えます。このような気付きを保育者がどのように捉え、小さい人たちに対して何と答えるのか、保育者のほうが刺激を受けた１日でした。

保育者の視点

４月当初、３歳児と２歳児からなるクラスにおいて、どうしたら全体で一つのことが楽しめるのか、と考え込んだ時期もありました。しかし、ダンゴムシを見つけるという楽しさから土手で遊ぶという楽しさに広がっていくと、いつの間にか数人で喜びや驚きを伝え合う姿が見られるようになり、その輪が少しずつですが広がっていきました。

小さい人たちの思いや考えを無視して、保育者がお膳立てをした遊びを行うのではなく、小さい人たちの「年上の友だち」として保育者が接し、小さい人たちの、その時々の思いや考えを考慮し、遊びが提供できるように努めることが大切であると実感した１年でした。

２・３歳の人たちにとっては、土手という自然との出合いは、たくさんの発見と驚きに満ちた経験の連続であったと思います。小さい人たちは、柔らかな感性で、四季折々に変化する草木の姿を受け止め、好奇心をもってかかわりながら遊んでいました。ポートフォリオやドキュメンテーションによって、このような小さい人たちの姿をしっかりと捉え、これからの保育に活かしていきたいと思います。

編著者のコメント

２・３歳児にとって自然との触れ合いは、好奇心が駆り立てられ、思いがけない発見やワクワクする出来事に遭遇するという楽しい体験となります。ここに紹介した実践報告からは、土手という環境で子どもたちがさまざまな経験をしている様子がよく伝わってきます。月に１回作成されたドキュメンテーションでも、「土手という自然での遊び」を継続的に記録していくことで見えてくるものがたくさんあります。

本文の最初で、保育者の援助として「幼児期の体験として、『～したい』という言動になる手前の『感じる』部分も一緒に味わう」ということが挙げられていますが、ドキュメンテーションにはこのような視点がよく表れていると思います。

ダンゴムシを発見して捕まえたときの喜び、小さくてよく見えないものが虫メガネで拡大されたときの驚き、ヨモギの香りのさわやかさ、さまざまな形の葉っぱを見つける面白さ、どの草にも名前があると知った感動、カラスウリがたくさん実る場所があるという不思議さ、葛（くず）のツルを使ってみんなで綱引きをする楽しさ、木の形がゾウに見える面白さなど、子どもたちは新鮮な感覚で土手の自然を楽しみ、感動を味わったことでしょう。

幼少時から自然に触れる大切さを説いているレイチェル・カーソンは、『センス・オブ・ワンダー』（上遠恵子訳、新潮社、1996年）という本において次のように述べています。

> 生まれつきそなわっている子どもの「センス・オブ・ワンダー」をいつも新鮮にたもちつづけるためには、私たちが住んでいる世界のよろこび、感激、神秘などを子どもと一緒に再発見し、感動を分かち合ってくれる大人が、少なくとも、ひとり、そばにいる必要がある。
> （中略）
> 子どもたちがであう事実のひとつひとつが、やがて知識や知恵を生み出す種子だとしたら、さまざまな情緒や豊かな感受性は、この種子をはぐくむ肥沃な土壌です。幼い子ども時代は、この土壌を耕すときです。（23～24ページ）

保育者と一緒に自然を全身で「感じて」楽しむことが、その後における学びの原点になるということだと言えます。

そして、子どもが発見したもの（実物）を保育者と共有し、感じたことや考えたことを話し合うという行為は、カーソンの言うところの、子どもの感動を「分かち合う」ことだと思います。これを教育ドキュメンテーションの視点から見れば、「子どもとのリフレクション」になると考えられます。

この実践では、ヨモギ団子づくり、草の名前を調べてリストをつくる、カラスウリが取れたお礼を「風さん」に伝えるなど、発見したものについて子どもと保育者が話し合うなかで次の活動が生まれています。

そして、教育ドキュメンテーションの実践では、そこで発見したものに関する子どもの声を聴き、子どもの興味を次の活動につないでいくということを重視しています。興味の対象やそこで起こったことを子どもと保育者が共有する資料をドキュメンテーションとするならば、多様な形があってもよいのではないかと考えます。

3　実践例――チューリップの不思議

山田希（あかつき田幡保育園）

４・５歳児（計21名）、期間：年中組３月～年長組５月、担任保育者：山田希

探究のはじまり――球根の芽が出ない

毎年、本園では、年中児が年長になる春を楽しみにしながら、冬先に一人一つずつチューリップの球根を植えています。鉢には自分の名前シールが貼ってあり、みんな自分のチューリップが咲くことを楽しみにしながら世話をしていきます。

３月に入り、暖かくなってくると徐々に花が咲きはじめます。

「○○くんのチューリップもう咲いたよ」

「○○ちゃんのチューリップ大きいね」

と、小さい人たちもチューリップの話をすることが多くなります。

「早くわたしのチューリップ咲かないかな～」と、自分のチューリップが咲くことをとても楽しみにしている様子があちらこちらで見られます。

一方では、どれだけ待っても一向に芽が出てこないものや、芽は出たものの、それ以上大きくならず、花が咲かないという鉢も数個ありました。保育者が疑問を口にしました。

チューリップ

保育者　なんで芽が出ないんだろうね？
Y　根切り虫が食べちゃったんじゃない？
T　まだ春が来たって気付いていないんじゃない？

なかなか鋭い答えです。このときは、ほかの小さい人からもいろいろな考えが出てきました。そこで、球根が土の中でどのような状態なのか見るために、芽が出なかった鉢をひっくり返して、球根を探してみました。すると、球根の下半分が腐っており、根っこが取れていました。

翌日の朝の会で、ほとんどのチューリップが咲いているなかで、芽が出ていない鉢があったこと、そのチューリップを育てていた人と一緒にその鉢をひっくり返してみたところ、球根の下半分が腐っており、根っこが取れてしまっていたという話を全員にしました。

すると、小さい人たちから次のような発言がありました。

A　どうして腐っちゃったのか調べたい。
T　球根を半分に切って、中がどうなっているのか見てみたい。

そこで、腐った球根を半分に切って、中を見てみることにしました。

R　うえ～、くさい。
T　腐ったトマトの匂いがする。
E　真ん中のところが黒くなって腐ってるみたい。

このような感想を言いながら切った球根を回してみんなで見ていくと、一番黒く腐っているところは球根の真ん中であることに気付きました。

では、そこには本来何があるのか、丁度部屋にあった新しい球根を、保育者が同じように半分に切って、同じくみんなで見ました。小さい人の反応は凄いです。

鉢をひっくり返す

A　黄色い芽がある！　これが大きくなってチューリップになるんじゃない?!

Y　匂いも草みたい。白いところは匂いがしないけど、黄色いところ（芽）は草の匂いがする。

M　周りに白い毛が生えてる。

このような、さまざまな発見がありました。

元々、虫メガネは保育室に置いてあり、小さい人たちが好きなときに使えるようにしてあります。また、「小さいものを見るもの」ということを知ってい

球根の匂いを嗅ぐ

球根を虫メガネで観察

腐った球根の中を見る

たので、球根の中をよく見るために小さい人たちが自主的に持ってきました。

虫メガネを使ったことで細かなところまで観察することができ、本来芽があるはずのところが腐ってしまったためにチューリップが育たなかったのかな、という結論に達しました。

保育者の視点

球根は一人一つずつ植えましたが、馴染みのある題材であったこともあり、取り掛かりやすかったように思います。球根を半分に切って実際に中を見るという調べ方、さらに新しい球根とも比べられたので、中が腐っていたことがよく分かりました。

球根を土から出したとき、たまたま鉢の中に小さな虫がいたことで、「虫が球根を食べちゃった」と考える小さい人が多かったわけですが、そのなかで、「半分に切って中を見てみたら？」という案が出てきたときには驚きました。

虫を目にしたことで、「虫が食べた」と言うことは予想できましたが、外側だけでなく、目では見られない「内側」のことに言及し、さらに中を見るために切ってみたらいいと、その方法まで自分たちで考えたことには、驚きしかありませんでした。言うまでもなく、大人が提案しないと出てこない考えだと思っていたからです。

チューリップの敵を調べたい（球根を腐らせたのは誰？）

球根が腐っていたため芽が出なかったということは分かりましたが、これがきっかけとなって、チューリップについてほかにも興味が湧いたようで、「チューリップの敵を調べたい」という声が上がりました。

やはり、鉢をひっくり返したときに虫が出てきたことが、小さい人たちの印象に残っている様子でした。

M　ミミズが根っこ食べちゃったんじゃない？
C　え、ミミズって根っこ食べるの？
M　なんか食べそうじゃん。
E　土の中にいるし！
T　ダンゴムシも食べるかもよ。
Y　でも、本当に食べるのかは分かんないよね。

このような話をしていると、「虫の絵本とか見てみる？」という声が出て、絵本の丘（園舎内の絵本コーナー。ステージのように少し高くなっている）や自分たちの図鑑をよく見て、知りたい情報が載っている本はないかと探すことにしました。すると、絵本の丘で『にわさきのむし』（小林俊樹作、たかはしきよし絵、福音館書店、1986年）という絵本を見つけたようで、みんなで読んでみることにしました。

最後のページに、ミミズやダンゴムシの飼い方が載っていました。実際に捕まえて、球根と一緒に砂場で使っているタライやバケツに入れ、本当に食べるのかどうかを見てみることにしました。

ところが、入れたのは虫かごではなくタライやバケツです。次の日にはダンゴムシはいなくなり、ミミズは死んでしまっていました。もちろん、球根が食べられた形跡はありませんでした。

さらに、その日の朝、チューリップの芽の上を歩くナメクジが目撃されました。『にわさきのむし』には、「ナメクジは植物の芽を食べる」と書かれていたので、小さい人たちの間では、「チューリップの敵はミミズやダンゴムシではなく、ナメクジだ！」という結論に達しました。

チューリップの茎の中は？

球根を調べてから少し経ったころ、チューリップの花が咲き終わり、たくさんの花びらが散っていました。花びらが落ちたあとに残ったチューリップの茎を見て、小さい人たちは「これは何？」という疑問を抱きました。そこで、残った茎を切って観察してみることにしました。

初めのうちは虫メガネで断面を見ているだけでしたが、やがて「これはどんな匂いかな」と、匂いにまで興味をもちはじめました。

T　なんか上のほう、ベタベタする。

A　下のほうは白くなってる。草の匂い。

などの感想を言い合うなかで、やはり、「切って、中を見てみたい」という声が上がりました。そこで、小さい人たちが気になるところをハサミで切っていき、虫メガネを使って中を観察することにしました。

R　切ったところが白くなってる。

T　下のほうは簡単に切れるけど、上のほう（三角になっているところ）はめっちゃ固い。

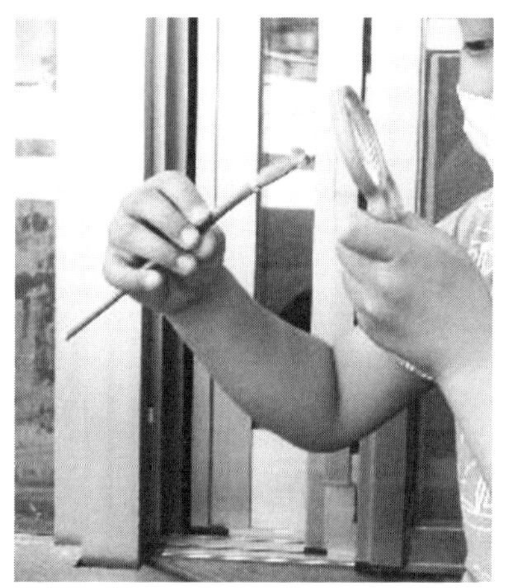

茎の断面を虫メガネで見る

チューリップの茎を切る

U　縦に切ってみたら、なんか線みたいになってる！

A　え、なんか湿ってる……。

あちらこちらから、さまざまな声が上がりました。茎の中が湿っていることに気付いた小さい人たちに向かって、保育者が次のように問いかけました。

茎の断面

保育者　湿ってるの？　水があるってこと？

A　ぎゅ〜って押すと、なんかちょっと水が出てくる！

K　分かった！　この、ちっちゃい丸いつぶつぶのところを通って、根っこから水が運ばれてくるってことじゃない？

凄いことに、水道管をイメージした小さい人がいたのです。小さな丸いつぶつぶが水道管に見えたようです。このあと、茎の上のほう、三角になっているところも切り開いてみました。

M　なんか種みたいなのがいっぱいある。

A　種、こんなにいっぱいあったのか……。

保育者　えっ、でもチューリップの種って球根じゃなかったっけ？

M　そうだけど、こっちにも種があるんじゃない？

まるで、植物学者と話しているような感じです。すぐさま返ってきた返事に、保育者のほうが思わず納得してしまいました。

色水の実験で、茎の中の水が通る道があるかを調べる

こうなると、調べるという行為がエスカレートしてきます。虫メガネよりさらに大きく見える顕微鏡を使って茎を観察することにしました。顕微鏡は、虫メガネでは見られない細かな部分を見ることで新たな発見や着眼点を期待して、保育者が用意したものです。

Y　あ〜、やっぱり白いつぶつぶがあるな〜。
A　三角形のところ、やっぱり種がある。
K　黄色いモサモサがいっぱいある〜。
T　押してみたら……あっ、やっぱり水が出てくる！　よく分かる！

虫メガネで見たことを、顕微鏡で改めて再確認したようです。

茎の中に水が通る道があるかもしれないというところまで突き止められたので、本当にそこが水の通る道なのかについて実験してみることにしました。この実験は、保育主任が声をかけてくれたことで行えました。

ちょうど同じ時期、園庭では花を使っての「色水遊び」が盛んに行われていたため、自分たちがつくった色水に茎を挿し、しばらくそのままにして様子を見ることにしました。

顕微鏡で茎の断面を見る

「もし、半分に切ってみて、中までこの色になってたら実験成功ってことだね」と、とても楽しみにする小さい人たちの姿が見られました。

次の日、色水に浸けておいた茎を見て、小さい人たちが「なんか水が減ってるみたい」と気付きました。早速、茎を切ってみると、色水に浸かっていた部分が全体的に染まっていました。それを見て、「水を吸っ

たにちがいない」と確信したようです。

Y　これは……あ～、水吸ってるね～。
T　真ん中に穴が開いてる！
N　ってことは、この穴から水を吸ったのか！

このように、生き生きと観察を進めていきました。自分たちの考えどおりに実験が成功して、小さい人たちは本当に嬉しそうでした。

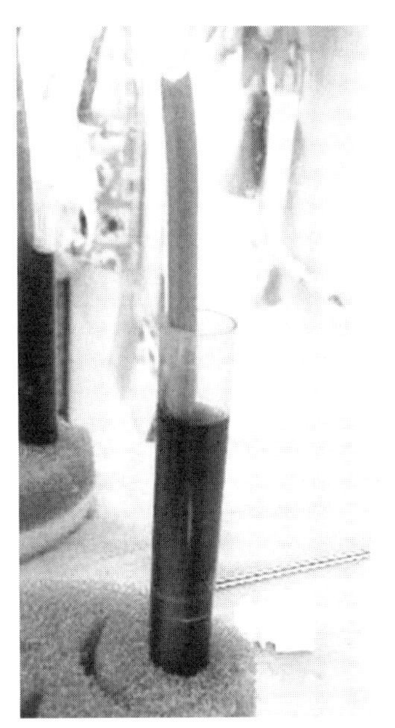
茎を色水に浸ける

保育者の視点

芽が出なかったチューリップからはじまり、次々と興味をもっていく姿、またその興味に関して自分たちなりに解明する手立てを考えていく姿に、年長児ながら頼もしさを感じました。次々と意見を言い、活動を引っ張っていくのは数人でしたが、ほかの小さい人もじっくりと虫メガネで観察し、自分なりの発見を楽しんでいるように見えたので、このような姿を大切にしたいと思いました。

活動の進め方については、その都度、小さい人たちの発言や着眼点について上司や同僚と話し合い、小さい人たちの育ちを共有していきました。たとえば、水道管を見つけ、水を吸う器官があるのではないかと考えたことなどです。また、大人からすれば予想外の、小さい人たちの発想を共有することで、小さい人たちの柔軟性についても話し合いました。

この活動では虫メガネや顕微鏡を使っていますが、虫メガネは手の届くところにいつもあり、小さい人たちは、図鑑を片手に馴染みの虫を見ている場合が多いです。

一方、顕微鏡は、この活動のように、虫メガネでも無理な小さいものや馴染みのない虫を見つけたときなどをよりしっかりと観察したいときに使っています（ヒマワリの種、見たことのない毛虫、蚊の口元など）。目で見るよりも大きく、はっきりと見えることや、顕微鏡を使うことで、普段目にするものの違った一面や気付きを楽しんでいます。

図鑑をつくりたい

その後も、小さい人たちの球根に対する探究はしばらく続きました。咲き終わった球根を掘り出して観察したり、根っこはあるのに葉っぱが大きく育たなかった球根を水耕栽培していました。そして、茎について調べていたころから、「発見したことを忘れたくないから」と、文字と絵で紙に書き留めていくようになり、そこから「図鑑をつくりたい」という話になりました。

年長児の部屋にはさまざまな種類の図鑑が置いてありますが、「本物の図鑑は……」と、図鑑とにらめっこしながら、すぐにイメージが湧いたようです。

N　こうやって写真の横に文字が書いてあるから、そういうふうにしたいんだ。

K　分かんないところは、もう一回顕微鏡を見ながら描こうかな。

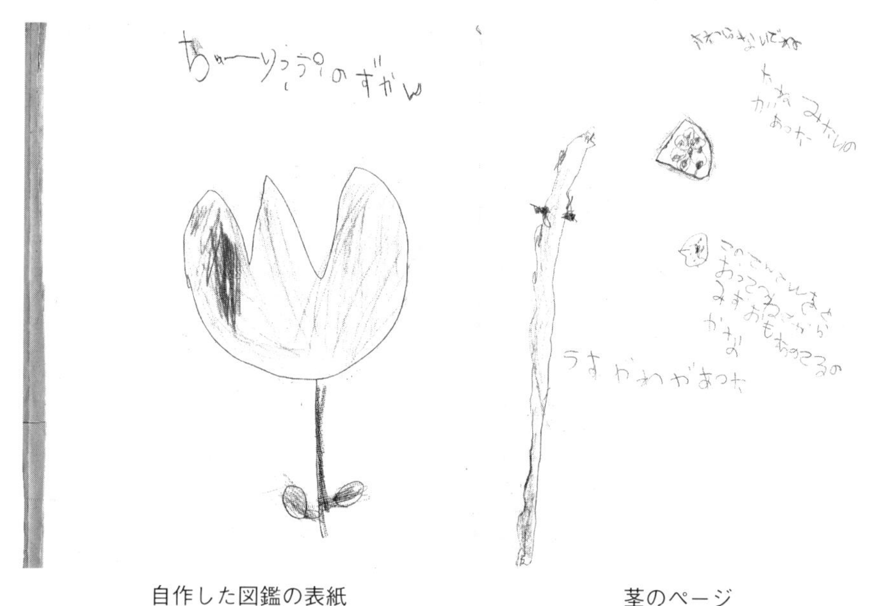

自作した図鑑の表紙　　　　茎のページ

こんな話をしながら、観察したものをその日のうちにまとめ、どんどん作業を進めていきました。茎のページ、球根のページと、見やすいようにページを分けながらつくっていました。

なかには、ただ絵を描きたいだけの小さい人もおり、絵だけというページもありますが、分かったことのほかに実験の内容を描いたページなどもあり、全部で８ページの「オリジナル図鑑」が完成しています。

図鑑が完成すると、嬉しそうに園長や周りの保育者に見せて回り、帰りには、保護者の目に入る場所に自分たちで設置して、迎えに来てくれた保護者に対して内容の説明をしているという姿も見かけられました。

保育者の視点

今回の活動を通して、保育者の「どうしてだろう？」という問いかけに対して、小さい人たちは、「う～ん、分かんない」ではなく、自分たちなりに状況を分析し、答えを見いだしていこうとする姿がうかがえました。

また、考えるようになったことで「やってみたい」という気持ちが広がり、やっていくうちに目的をもって実験してみるという姿も見られました。じっくり観察し、「切ってみたらどうなるだろう？」とか「茎の中に何が入っているんだろう？」といった疑問を一つずつ確認していったことで、納得しながら次の活動に移っていけたように思います。

この活動で保育者は、できるだけたくさんの人の声を聴くという姿勢を大切にしました。「話し合い」の場では、特定の声が大きく聞こえてしまうということがあるので、遊びのなかで多くの声を聴き、必要に応じてその内容を話し合いのなかで紹介していきました。自分の思いが伝わることで、活動に対する興味関心がよく湧くのではないかと考えています。

また、小さい人から出てきた意見は、できるだけ再現しようと努めました。「できる・できない」という結果ではなく、自分で考えて、やってみるという経験を大切にしたかったのです。

さらに、小さい人たちのささいな疑問にも寄り添い、一緒に考えていくことで、周りにあるものに対して、「不思議だな」とか「どうしてかな」と感じられる感性が培っていけるようにかかわっていきたいとも思って努力したわけです。

たとえば、紅葉を見て「葉っぱの色が変わっている」と気付いた小さい人に対して、「前は何色だったっけ？」、「どうして色が変わったんだろうね」と返しています。そういえば、普段から小さい人たちの気付きに対して、「どうしてだろうね」と返すことが多いです。

活動した日、保護者が見られる場所にドキュメンテーションを掲示し、家庭とも話題の共有ができるようにしましたが、図鑑をつくり終えたあと、小さい人たちとそれらを見返し、自分たちがやってきた活動を一緒に振り返り、達成感を味わっています。

今回の活動では、図鑑をつくったことで満足し、一旦終了しましたが、次のチューリップを植える時期、小さい人たちからの発信を楽しみにしています。

編著者のコメント

世話をしているチューリップの花が咲かないというのは、悲しくて寂しいことです。保育者はそんな気持ちをくみ取りながら、「何で芽が出ないんだろうね？」と疑問を投げかけました。そして、この言葉が、ほかの子どもたちの好奇心をかき立て、探究的な活動の出発点になったようです。

保育者は、もっている知識を教えようとするのではなく、子どもたちの声に「聞き耳」を立て、自らが考えるように促しています。そして、「球根」の話題をクラス全員で共有しました。

ここでの話し合いの資料（ドキュメンテーション）は「実物」の球根です。芽が出なかった球根を前にして、子どもたちの探究心は一気に高まり、球根の中を見てみたいという意見が出ました。子どもたちは、見たことや調べたことをもとに、「球根の根」がなくなった原因について仮説を立て、検証し、結論を導き出していきます。想像以上に子どもたちが「考える力」をもっていることに驚きながら、保育者は話し合いを見守っています。

チューリップの花が散ったあと、「茎の探究」へと移りました。子どもたちは、茎を切って虫メガネで見たり、匂いや感触を探り、気付いたことについて話し合い、新たな発見をしていきます。

茎を調べる手の動き、小さな変化を見逃さない観察力や豊かな感性、体験から得た情報から予測を立て、それを実験して確かめるという科学的思考を行っているのです。ここでも保育者は、子どもたちの姿を頼もしく見守りながら伴走していました。

このように、ドキュメンテーションを作成することは、子どもの新たな一面を発見することにつながります。ただし、観察をする際には、子どもたちの興味の対象や、子どもたちなりの考え方・やり方に焦点を合わせることが大切となります。

また、この実践例は、主任や同僚の保育者、そしてドキュメンテーションを共有することの意義も明らかにしています。ドキュメンテーションをもとに、子どもたちの発言の意味について検討したり、活動の予測を話し合ったことが、この活動の幅を広げることにつながったのです。

顕微鏡による観察や色水の実験は小学校での理科の授業を連想させますが、体系的な知識を教えるために準備された実験とは異なり、子どもたちが探究する過程で保育者が必要性を感じて提案したものです。子どもたちが「茎の中に水の通る道があるかもしれない」と考えついたことが、「次なる展開を導いた」と言ってもよいでしょう。

継続的に活動を展開していくためには、共同探究者としての保育者のかかわり方が重要となります。そのためには、教育ドキュメンテーションのプロセスが、同僚や上司との話し合いにおいて開かれている必要があります。

最後に、子どもたちは「発見したことを忘れたくないから」と言って記録として残すことになりましたが、この言葉は、有意義な学びがあったという彼らの実感を物語っています。

保育の記録とは、保育者だけでなく、子どもたちと一緒に日々の歩みを記すものであることに改めて気付かされます。また、身近な図鑑をモデルとしていることから、子どもたちが日々の経験や情報をふまえて思考し、創造力を発揮している様子が伝わってきます。

今後は、このような子どもたちの有能さが発揮されるよう、教育ドキュメンテーションにおける子どもの参画を充実させることが課題となるでしょう。

4 実践例──海プロジェクト・大好きなキッスがいる海を大切にしよう

内山沙知、山中智尋（あかつき保育園）
らいおんチーム（3・4・5歳児）19名、 保育士：山中智尋、古賀野々香(2)

2021年度「海プロジェクト」の概要

2021（令和3）年5月、コロナ禍で海に行けないので、「みんなで海をつくって遊びたい！」という声が上がりました。最初に出た疑問は「海の色」についてです。水道の水は透明だけれど、「プールの水が青いのはなんで？」（Aちゃん）、「壁が青いから？」（Bちゃん）、「海は、空の色が落ちてきた？」（Cちゃん）などと、海の色について話し合いました。

また、Dちゃんから「海の水はどんな味がするのか飲んでみたい」という希望が出されたので、園長が海水を汲んで来て、その海水を指先にチョンとつけて味わいました。そして、梅干し、ふりかけの「ゆかり」、レモン、塩などで海の水と同じ味がするものは何かと試し、海水と同じ濃度の塩水をつくることにも挑戦しました。

季節は移り、冬になると、2月の作品展に向けて海の生き物をつくりはじめました。小さい人たちは、実物を見るために「水族館に行きたい」と言ったので、行く予定を組みましたが、その日は年に一度のメンテナンスのために休館となっていました。しかし、小さい人たちの願いは強く、園長や主任と相談し、たとえ水族館は閉まっていても、そこで何かを感じることが大切であると考えて行くことにしました。

小さい人たちは、水族館のある名古屋港で海を体全体で感じることができ、満足した様子でした。

R 海の匂いがする。

L 魚の匂い。

G こっちから海を見るとキラキラする。

B お日様が当たると光る。

名古屋港水族館　© バリストン

H　海は寒いから上着着てきてねって言ったのに、寒くないのはなんで？

O　ハワイの海は寒くないよ。

みんなでつくった海の世界

カメと海藻

このように、感じたことや疑問に思ったことを嬉しそうに話していました。

作品展では、滝から川、ゆらゆら帯（川と海をつなぐ部分、汽水エリア）、そして海の生き物を制作して展示することになりました。また、年長児は、玄関に掲示しているドキュメンテーションを持ってきて、「これみたいのつくり

⑵　第12回 OMEP アジア・太平洋地域大会における口頭発表、2023年12月より。

うみしんぶん

たい」と言い、「うみしんぶん」をつくっています。

その際、写真を見たり、保育者が作成したドキュメンテーションを見ながらこれまでの活動を振り返り、そのときにどのように感じたのか、どうしたかったのか、という思いも書き込んでいきました。

保育者の視点

この活動は、「海に行きたい。海をつくろう」という小さい人の発言からはじまり、さまざまなことを小さい人と一緒に考えながら取り組んでいきました。海水の色、海水の味、海と川がつながっている「ゆらゆら帯」の生き物づくりなど、実際に体験しながら、感じたことや考えることを大切にしてきました。そして、小さい人自身がドキュメンテーションをつくり、小さい人自らが今までのことを振り返り、再認識することができたように感じます。

そして、作品展では、３、４、５歳児全員で海の世界をつくり上げました。海が身近なものなのか、海に憧れがあるのか、楽しい思い出があるのか、理由は分かりませんが、このチーム全員が（担任も含めて）海を大好きだと思っているのはまちがいないようです。

水族館のある名古屋港に行ったとき、小さい人たちから多くの疑問が出ましたが、それがそのまま残ってしまいました。このまま終わってしまっていいのだろうかと悩み、保育者のミーティングで相談した結果、どのチームも継続して行いたい課題があり、クラス替えを行わないことにしました。よって、次年度も海についての活動を継続することになりました。

2022年度　「海プロジェクト」（仮）

らいおんチーム（３・４・５歳児）19名、保育士　２名（山中智尋、田淵彩子）

魚つりがしたい（５月23日）

年長さんが卒園し、新たに３歳児が入りました。今年度も、毎朝、話し合いからその日の活動がはじまり、活動が終わってからも話し合いをして振り返ります。

週の予定を決める月曜日、「魚つりがしたい」という声が出ました。きっかけとなったのは、「園長さん、魚釣ってきてください」という小さい人の発言でした。すぐに生きた魚は釣ってくることはできません。そこで、自分たちで魚をつくることになりました。

Ａちゃんが「水に沈むものでつくらないと！」と言って材料を探し、昨年度、魚づくりで使ったペットボトルを見つけてきました。

A　これって沈む？
B　ペットボトルの中に水を入れると沈むんだよ。

と言いながらみんなで試しましたが、すぐに浮いてきてしまいます。すると、一人の小さい人が、ペットボトルを沈めて水の中で蓋を閉めると沈むことを発見しました。しかし、

朝の話し合い

ペットボトルが沈むのか実験

生きた魚を釣ってみたいというみんなの思いは強く、何人かで園長にその思いを伝えに行きました。

その数日後、「おーい！　魚釣ってきたぞ！」と言いながら、園長がやって来ました。

「やったー！」、「マグロ！　マグロ！」と言いながら階段を下りていきます。

「マグロじゃないけど、たくさん釣れたぞ」と言う園長のクーラーボックスを覗いて、「ゲッ！　血だ」（A ちゃん）、「くっさ！」（E ちゃん）、「大きいのも小さいのもある」（K ちゃん）、「いろんな色だね」（S ちゃん）、「触ってもいい？」（F ちゃん）と、みんな興味津々で、触ったり持ち上げたりしていましたが、なかには怖くて触れなかった人もいました。

そのあと、「あれっ、動かないね」（A ちゃん）、「これって死んでるの？」（C ちゃん）、「釣ってくると死んじゃうんだね」（D ちゃん）と話していました。

釣ってきた魚を見る

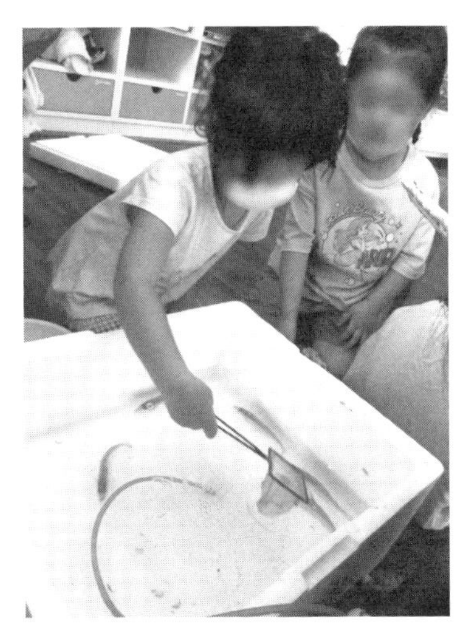

水の中のゴミ取り

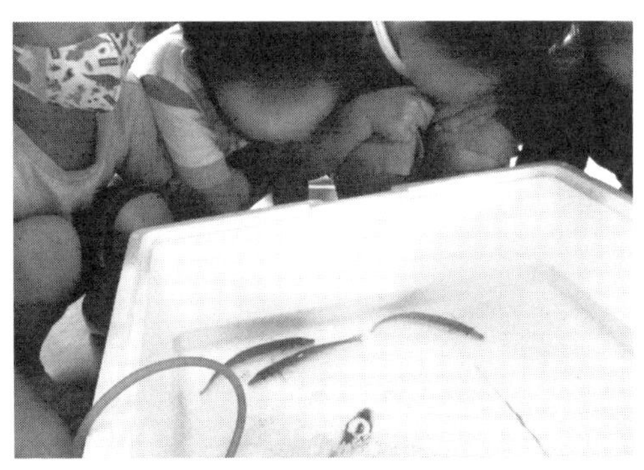

生きた魚をながめる

生きた魚がやって来た（７月29日）

突然、園長が「おーい！　生きた魚、釣ってきたぞ！」と叫び、バケツから発泡スチロールの箱に移すことになりました。昨年度の経験を活かし、海水と同じ濃度の塩水をつくりました。

箱の中の魚たちを眺めながら、「生きてるね」（Ｓちゃん）、「動いてるよ」（Ｊ

生きた魚で魚釣り

「また会いたいね」と言って蓋を閉める

ちゃん)、「このボコボコしてるの何？」（Dちゃん）という質問に園長は、「これは水の中に空気を入れてるんだ。これがないと生きられないんだ」などと説明をしていました。

それから、小さいエビを餌（えさ）にして、実際に魚釣りをしてみました。釣り竿で挑戦する人と糸で釣る人に分かれました。

E　釣れないよ。
B　あっ！　エビ取れちゃったじゃん。
園長　釣りはな、すぐに釣れるわけじゃないんだよ。

こんな会話を繰り返しながら、しばらくの間、念願の魚釣りを楽しみました。

大きく育ててみんなで食べたい

保育者　この魚どうする？
X　小さいから育てる。
B　大きくなるまで育てて、みんなで食べたい。

という、意外な意見が出てきました。「餌もあるんだから大丈夫！」（Ｃちゃん）と、なぜか自信満々の小さい人たちです。

帰りの会で、「おさかなどうなったかな？」と箱の中を見ると、水が少し濁っていたので、ふやけたエビを取り除き、新たにエビを入れました。すると、魚が少し元気になったような感じがしました。

この日は金曜日でしたので、「月曜日にまた会えますように」（Ｃちゃん）、「生きててね」（Ｉちゃん）、「また月曜日ね、バイバーイ」（Ｃちゃん）と言いながら、手を振って帰宅しました。

お魚どうなってる？（８月１日）

月曜日の朝、チームのみんながそろってから、魚がどうなっているか見てみました。５匹の魚はすべてひっくり返り、水が茶色く濁っていました。

U　死んじゃってるの？
保育者　どう思う？
D　この子とこの子とこの子、ここ（エラ）が動いてるよ。
S　本当だ！
F　この二つは動いてないね。この二つは死んじゃってるのかな？
M　この動いてる魚をきれいな水に入れてあげないと。

このような話し合いのあと、同じような箱と塩を取りに行きました。そして、きれいな水の箱を隣に置きました。

T　水の色が全然違うね。
F　本当だ！
保育者　なんで茶色くなっちゃったんだろう？
B　きっと、おさかなから血が出ちゃったんだと思う。
H　病気だったのかも……。
U　お腹が空いちゃったんだよ。

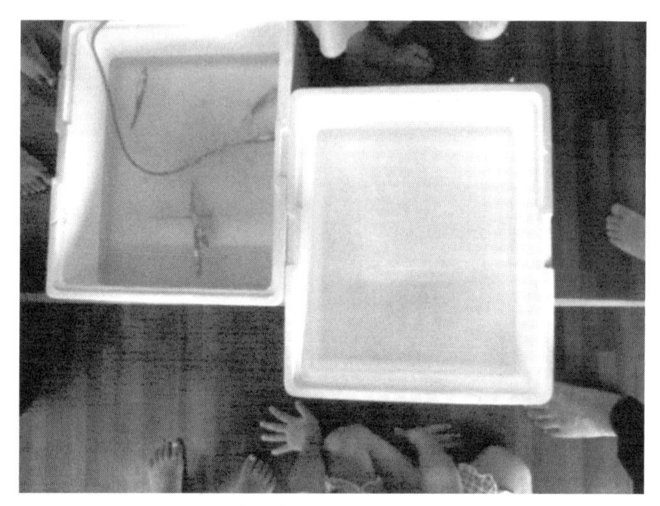

水の色の違いを見る

なぜ死んでしまったのかについて、みんなで考えました。そして、きれいな水の入っている箱の中に、エラが動いている魚だけを移していきました。タモですくうと、魚がピチピチと動きます。

D　わぁ、こわ！　やっぱり生きてる！
H　ホントだ！　生きてたね。
B　なんだか、元気になってない？

と言いながら、みんなその様子を見ています。きれいな水に入れ替えたら、魚は生き生きとしていました。

死んじゃったお魚……どうする？（８月１日）

死んでしまった魚をどうするか、という話になりました。小さい人からは「お墓に入れる」という意見が出たので、保育者が「どこのお墓？」と尋ねると、「魚だから海に帰す」とか「食べたい」という意見が出てきました。本当に食べられるのかどうか、園長に尋ねることにしました。

園長が「食べれるぞ！　ウロコと内臓をとって、トースターでできるぞ！」と言うと、小さい人たちから「やったー！」と大合唱です。早速、保育者がウロコを取りにかかります。

T　ウロコ？
保育者　触ってごらん。みんなの肌はツルツルでしょ？
G　わっ、ざらざらしてる。
保育者　これがウロコなんだよ。このあと、お腹を切るね、内臓が出てくるよ。
H　見たいー！
（切っていきました。）
K　わぁー、血だ！
L　なんか出てきた。
保育者　これが内臓。みんなにもあるんだよ。
L　えっー、気持ち悪いね。

内臓を取った魚を洗って塩をかけ、トースターに入れてしばらくすると、焼き魚のいい匂いがしてきました。

保育者　焼けたよー！
みんな　見る、見る！

焼けた魚を見て、「目が白くなってる」と言いながら、生きていたときの魚と焼けた魚の違いに驚いていました。魚の身をほぐし、「魚食べたい人？」と言うと、みんな「ハーイ！」と、さっきまで「可哀そうで食べれない」と言っていた人も含めて、全員が手を挙げていました。ほんの少しの量でしたが、みんな満足したようです。

お魚屋さん（水槽のメンテナス業者）が来る

その日の午後、みんなで魚を見ました。「ひっくり返ってるけど、元気ある

魚食べたい人！

よね」という言葉のとおり、時々動く魚は、朝よりも元気になっているようでした。そこへ、水槽のメンテナンスをしてくれている人（子どもたちは「お魚屋さん」と呼んでいる）が来園しました。小さい人たちにそのことを伝え、「お魚について分からないことを聞こう」と提案したところ、みんな、思い思いに尋ねたいことを出し合いました。

そこへ、お魚屋さんがやって来ました。

K　これ見て！

魚屋さん　キスだね。

C　この子、病気ですか？　何がいけなかったの？

魚屋さん　病気ではないよ。でも、この子のいた海と発泡スチロールの箱に入っている水の塩の量が違ったのと、ここの部屋が暑いから、水も熱くなったんじゃないかな？

B　あと、どれぐらい生きられますか？

魚屋さん　大事に育てれば、ずっと生きられるよ。

D　下の水槽に入れられる？

魚屋さん　入れていいよ。下の水槽のほうが長く生きられるかもしれないね。

園の水槽にキスを入れる

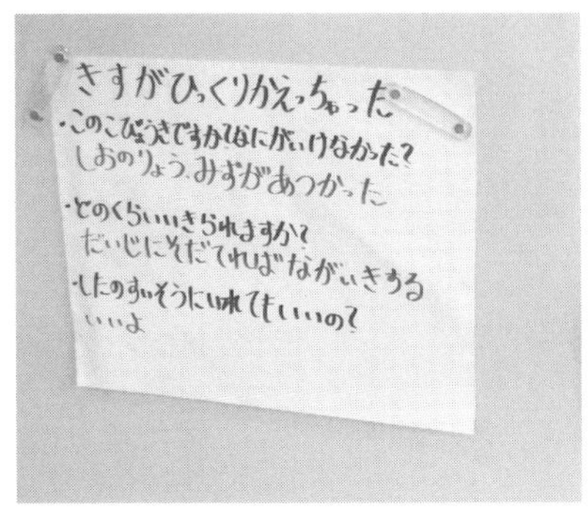

お魚屋さんに聞いたこと

早速、園の水槽にキスを入れました。

お魚屋さんに聞いたことと、それに対する返事を忘れないように、小さい人と振り返りながら紙に書いていきました。そして、「ずっと生きててくれるといいね」と話し、この日は終わりました。

小さい人たちは、園を出るときに水槽の前で立ち止まり、「おーい！　元気になってね」と声をかけていました。

キッスが元気になりますように（８月１日）

夕方、この日の遅番勤務だった担任が水槽を覗くと、ひっくり返っていたキ

園の水槽で生き返ったキス

スが、なんと生き返ったかのように水の中を泳いでいました。ほとんどの人が帰宅していた時間でしたが、園にいた人に声をかけると、「キッスが元気になってる！」、「あー!!　生き返った」、「明日、みんなで見れるといいね」と大合唱です。それを願って、私も園を後にしました。

保育者の視点

初めて間近に生きた魚を見た小さい人たちは、覗き込む人とか触ろうとする人など、ほとんどの人がその場から離れませんでした。この魚どうするかと話し合ったところ、「大きくなるまで育てたい」という声が上がり、海と同じ濃度の塩水をつくり、餌（えさ）をあげました。

小さい人たちは、大切に育てようという思いからか、呼び方が「お魚」から「キッス」になっていきました（魚の種類は「キス」でしたが、小さい人たちは「キッス」と呼びました）。

そして、死にそうになっているキスを目の当たりにし、なぜこうなってしまったのかと考え、生きてほしいと願いながら必死にかかわっていくなかで、よりキスへの思いが強くなっていったように思います。

生きた魚を育てることは難しく、いつかは「死」が来てしまうと分かっていましたが、小さい人たちが決めたことなので、保育者も一緒に考え、悩み、小さい人と同じく、大切に育てたいと思いました。

キッスが死んでいる（８月２日）

小さい人たちや保育士の願いは叶わず、キスが死んでしまいました。翌日の朝、小さい人たちはすぐに異変に気付きました。そして、次のように言っていました。

T　あれっ、死んじゃってる？

F　動かないってことは死んじゃったのかな？

D　分からないよ、ひっくり返っても、（エラ）動いてるかもしれないもん。

保育者　みんな、水槽のキッス、どうなってた？

U　死んでた。

B　大きいお魚に食べられてた。

保育者　大きいお魚に食べられてたの？　大変！　どうする？

C　助ける！

この声とともに、一斉に水槽のある一階へ走り出し、網でキスを救い出しました。

保育者　このお魚どうする？

E　お墓に返す。

保育者　キッスのお墓ってどこだろうね？

E　海！

C　園長さんに海に連れてってもらったときに海に返す！

保育者　海に行く日はいつだっけ？

T　18日！

しかし、海に行くのはまだ先のことなので、ラップで包んで冷凍しておくこ

死んだキスをラップで包む

とにしました。そして、昨日の夕方には元気になっていたキスの写真をみんなで見ることにしました。

保育者　水槽に入れたキッスね、こんなに元気になってたんだよ。

A　えー!!

E　キッス、生きてる。

C　じゃぁ、なんで？

保育者　なんでだろうね、みんなも見たかったね。

E　うん。

そのあと、言葉はありませんでしたが、何とも言えない表情で、命について感じているような気がしました。

キッスを海へ帰そう（8月18日）

園のバスで、キスを海に返しに行きました。

保育者が「じゃあ、みんなでバイバイしようか。せーの」という声かけのもと、みんなで「バイバーイ！」と言って、そっと海に返しました。

海に向かって「バイバーイ」

波が寄せてくると、キスが何度も戻ってきてしまいます。保育者が「もっと、『えーい』と言って帰さないといけないかもね」と言うと、「分かった、えーい！」と遠くのほうに投げると、波が来てもキスは戻ってきませんでした。

その後、みんなで貝拾いや砂浜遊びをしましたが、しばらく動かず、じっと海を眺めていたり、何とも言えない表情で「どこに行くのかな？」と言いながら見ている小さい人もいました。そこで、帰りのバスの中で、「今日返してきたキッスは、このあとどうなるんだろうね？　どうなったと思うか、みんなに考えてほしいな」と話しました。

キッスのそのあとは？　みんなが描いた絵（８月19日）

担任がキスの画像をコピーして切り抜き、一人１枚ずつ手渡して、「海に戻ったキッスがあのあとどうなったのか、絵に描いてみようか」と提案しました。嫌がる人はおらず、みんな自由に描いていきました。そして、描き終えてから、「何を思って描いていたの？」と尋ねてみました。

キスが死んでしまったという絵を描いた人は19人中２人でした。ほかの17人は、「生き返る」、「生き返ってほしい」という思いを描いていました。そして、「お家に帰る」、「パパとママに会う」、「お魚と一緒に遊んでいる」、「ワカメの迷路で遊んでる」、「海に行ったらまた会えるかな？」、「園長さんが釣ってみんなのところに戻って来る」、「お家に帰ってバンドエイドを貼る」などと語っていました。

排水溝は海につながってる？（８月30日）

海で拾ってきた貝殻をきれいに洗っていたとき、死んでいた小さなカニが出てきました。「足取れちゃった」（Ｈちゃん）、「死んじゃってるね」（Ｇちゃん）、「また海へ帰さないと」（Ｌちゃん）と、そのカニをどうしようかと話し合いました。

そのなかに、「大きなバケツに海をつくって、屋上の穴（排水溝）にカニと一緒に流す」（Ｅちゃん）という意見がありました。早速、屋上の排水溝を見に行くと、柵の奥で手が届きません。

死んでしまったキスを描いた絵

生きているキスを描いた絵

排水溝を見る

カニを入れる塩水をつくる

保育者　どうする？　あそこに流そうと思ったのはなんで？

E　海につながってるかなと思って。

保育者　海って、何とつながってるの？

B　川だ！

I　ゆらゆら帯。

C　海と川はつながってる。

保育者　そうだね。

A　川に行こう！

　ということで、近くの川へ流しに行くことになりました。そして、ビニール袋に塩水をつくって、その中にカニを入れ、橋の上から塩水と一緒に川に返しました。みんな、「バイバーイ」と手を振ってカニとお別れをしました。

下水道科学館に行ってみよう（12月22日）

「排水溝は海につながっている。川と海はつながっている」という小さい人の声を聞いて、保育者は近くにある「下水道科学館」に行くことを提案しました。そこでは、家庭で使われた水がどのようにして海に行くのか、残飯を流すとどうなるのかなどについて、分かりやすく動画で説明されていました。また、トイレに流したものがどのように流れていくのかを体験するコーナーもあり、みんな楽しみながら学んでいました。

下水道科学館に行く

その後、大阪湾に迷いこんだクジラが死んでしまい、生きていた海に返して、沈めることになったというニュースが流れました。これは、まさにキスの出来事と同じだと考え、プロジェクターに映し出してみんなで見ました。

小さい人の表情は、キスを海に返したときと同じように、真剣であるとともに少し切ない表情でした。「生き物は育ったところでしか生きられない。キスもクジラも同じだね」と保育者が話すと、「虫も」、「花も」と言い、「人間だってだね」と話が広がっていきました。

感動の再会？（２月24日）

新型コロナの感染が猛威を振るい、年長児の「お別れ遠足」がこのままでは行けなくなってしまうからと、意を決して水族館に行くことになりました。イルカを見たり、クラゲを見たりして楽しんでいると、「キッスいたー！」という大きな声が聞こえ、みんなが一斉に走り出しました。そして、「やっと会えたね」と嬉しそうにずっと見入っていました。

様々な魚が泳ぐ水槽

園に戻ると、早速、３・４歳児に報告しました。

５歳児　キッスいたよ！
４歳児　えーっ、水族館に？
３歳児　元気だった？
５歳児　めっちゃ大きかったよ。
４歳児　行きたかったなぁー。
５歳児　うん！　水族館に行ったらいつでも会えるよ。
３歳児　やったー！

そして、年長児は、保育者と一緒に水族館への手紙の内容を考え、次のように書きました。
「キッスにあえてうれしかった。こんどいったときにもあえますように」

保育士の視点

この活動をはじめたころは、こんなドラマが待っているとは思いませんでした。本当に生きた魚を釣ってくる園長、それもまた可愛らしいキスでした。そして、キスの「生と死」というドラマとの遭遇です。お魚屋さんに、魚にも適材適所があることを教えてもらい、海に返しに行きました。

初めは食べ物として見ていた魚がペットになり、さらに友だちになっていく様子が感じられました。そして、大阪湾にクジラが迷い込んだニュースを見たり、「お別れ遠足」で再会を果たしたりと、年度の最後までこの活動を楽しむことができました。

小さい人と担任が同じ思いで一緒に考え、取り組んだからこそ、素敵な体験ができたと思っています。

水の循環を絵に描いてみよう（１月）

カニを「排水溝に流す」という意見が出てきたことから保育者は、川と海のつながりをもう一度小さい人とともに考えたいと思いました。

山に雨が降る

川から流れていく水

みんなの描いた絵を
組み合わせる

水の循環

保育者　海はどことつながってるの？

S　川！

保育者　川は、どうしてできるの？

X　雨!!

３歳児がこのように答えるとは予想していなかったので驚きました。

そして、今後の進め方について主任に相談し、水の循環について小さい人たちと一緒に調べることにしました。また、年長児の一人が、家から水の循環が描かれた絵本を持ってきてくれました。みんなで、その絵本やパソコンで調べ、水の循環を絵に描くことにしました。

山に雨が降り、その水が川に注ぎ、やがて海へ流れ込む――その過程を描くには紙が小さいということで、それぞれが自分の描きたいところを描き、それをパズルのように組み合わせていきました。

立体って難しい（１月～２月）

次に、完成した水の循環の絵を、今度は立体でつくることができないだろうかと話し合いました。

みんなの描いた絵を立体にしよう

実際に水を流してみる

砂場をつくる

保育者　この絵、ぺったんこだから、こうやって（山の形を手で表す）でこぼこしてつくりたいな。

B　立体ってこと？

保育者　立体って、何で知ってるの？

B　だって、ラキューに書いてあったよ、平面と立体。

この発言から、ラキュー（立体パズル）やブロックなどの遊びを通して、平面図を見て立体をつくるという経験をもっている人が多いと分かりました。そこで、主任と相談し、「立体模型づくりに挑戦してみよう」と小さい人たちに提案しました。

すぐに、立体をつくることの難しさに突き当たりましたが、粘土や砂でつくってみてからであれば取り組みやすいのではないか、と考えました。そこで、みんなで砂場へ行き、川、湖、海と、小さい人たちだけでどんどんつくり進めました。そして最後に、山の上からジョーロで水を流しました。山に降った水は砂に吸収されてしまい、なかなか海まで到達せず、年長児は何回も水を運んでいました。

立体模型づくり

立体模型は、新聞紙やダンボールなどを利用してつくっていきました。「砂場ではどうやって山にしたの？」と尋ねると、「砂をたくさん積んだ」と

湖を塗る

海の色塗り

川をつくる

本物の石を置く

か「そうだ！　上に貼っていけばいい」と言い、新聞の山ができていきます。

たくさんの海の写真を見てきたからでしょう。「海の色は青ではない」と言いながら、まずは白を塗り、そのあとで「青と緑、あと黄色にも見える」と自分たちで進めていきました。また、「砂浜には砂をつけたい」とか「川には石があるんだった」と言いながら、細かな部分を加えていきました。

さらに、雲、太陽、雨をつくって、天井から吊るすことにしました。みんなで空を見上げ、「曇ってあれだよね」とか「ほわほわじゃない」と言いながら綿を探してきました。

「太陽の色が分かんない」と言うので、パソコンで調べました。それを見て、白に金を混ぜる人や、銀の色紙に白を塗る人など、それぞれのイメージに合う色を探していました。

完成した「水の循環」

そして、最後、キラキラテープを天井から垂らして雨を表現し、完成となりました。

年長児の「うみしんぶん」

昨年度、新聞づくりを見ていた年長児は、自分たちも「うみしんぶんをつく

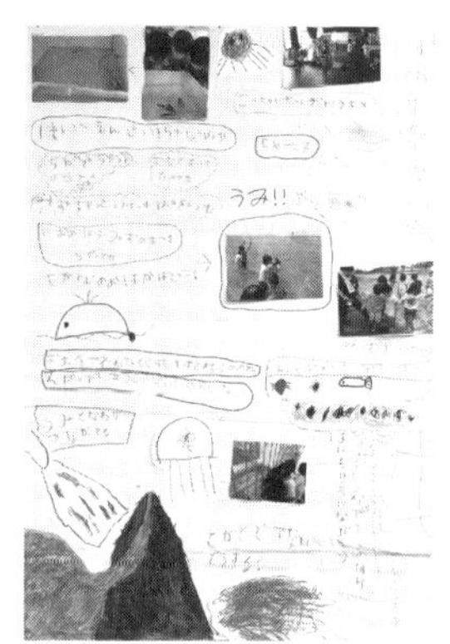

年長児がつくった「うみしんぶん」

りたい」と言って、模造紙３枚の壁新聞を作成しています。

昨年度、疑問に思っていたことで分かったこと、今年のプロジェクトで印象に残った出来事、そのときに感じ、考えたことや学んだことなどを保育者と話し合いながら書いていきました。

１枚目には、キスが保育園では生きられなかったこと、その原因の一つが塩水の濃度と温度が違っていたことが書かれています。また、海とつながっているから、死んだカニを川に流したことも書かれています。

２枚目には、下水道科学館に行って、水の循環について学んだり、キスのいた海を大事にするためには、家から出る水をきれいしたり、海にゴミを捨てないようにしよう、と書かれています。

さらに３枚目には、気候変動と海水温の上昇について、絵本から学んだことが書かれています。

大好きな海を守りたい

小さい人たちと一緒に立体模型や「うみしんぶん」に取り組みながら、保育者は、大好きなキスがすんでいる海を守りたいという小さい人たちの熱い思いを感じました。

保育者　みんなの大好きな海、ずっとこのままだといいね。
C　大人になっても海は大好きだよ。
V　汚い海は可愛そう。
B　みんなが気を付ければ、きれいな海にできるよね。
G　ゴミを捨てない。
S　ご飯を流さない。
保育者　そうそう。できることをすればいいよね。

保育者が、立体模型のところに「みんなの手で大好きな海を守ろう」と書こう、と提案しました。そして、それぞれが、好きな色で手型をスタンプし、それを切り取って貼り付けていきました。

大好きな海を守りたいという願いを込めて

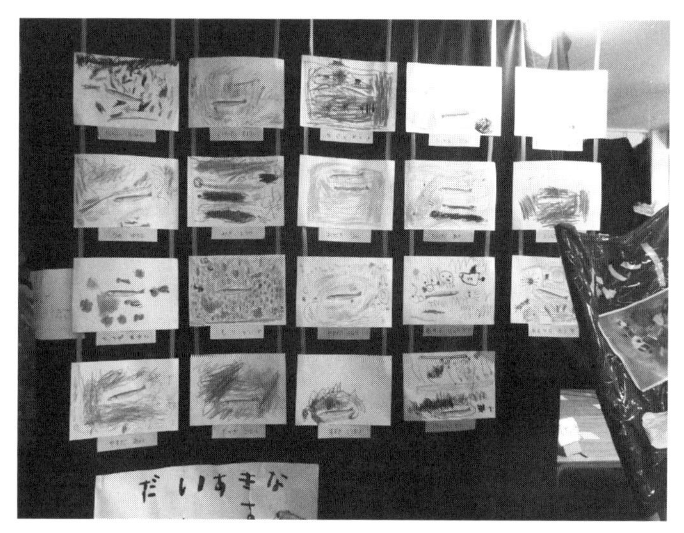

キスの絵も展示しました

保育者の視点

２年間、海に関する活動を行い、大好きな海のためにできることを考え、実際に行ったり、生き物の生死を考えたりと、小学生になってから学ぶような内容であったと思います。しかし、小さい人たちは遊びながら活動していくため、「難しい」と感じることはなく、「不思議だね」、「どうすればいいんだろう」といった意見を出しながら考え、体験していきました。

小さい人の「海をつくりたい」という言葉からたくさんのことを経験し、考え、悩み、時には涙を流しながら一緒に過ごしてきました。普段から私たちは、小さい人と同じ目線に立ち、同じ思いでいることを心掛けています。それが、基本になっているのかもしれません。

保育者が難しいと思うことのほうが、長く続き、考えることが多いように感じます。どうしたら、みんなで一緒にできるのだろうか、どうしたらみんなが思っていることができるのだろうかと考えて相談し、つくり上げてきました。

小さい人は、何も知らない、未熟な存在ではなく、保育者が思っている以上に理解しており、気付いています。また、保育者が思いもしないような発言をしてくれる、そんな素敵な世界にいると思っています。それを壊すことのないよう、大切に一緒に育んでいきたいです。

そのなかで、肝に銘じておく必要があるのは次のことです。

・意見や行動を否定しない。
・感じたまま、思うままに試してみる。
・やってみて、違えばほかの案を考える。
・大人が思う正論を言いはじめると、小さい人を否定していくことになる。

いわゆる優等生と言われるような意見がすべてではなく、たくさんの意見を出し合い、一緒に考えていくという姿勢を大切にしていきたいです。

編著者のコメント

この実践は長期間の取り組みですが、毎日のように継続していたわけではありません。週に２～３回を原則としつつも、１年の間に１～２か月実施しない時期もあったようです。しかし、たとえ時間が空いても、子どもたちの関心や問いは継続しています。まさに、教育ドキュメンテーションを実践していたからだと言えるでしょう。

子どもたちは、写真や描画など（ドキュメンテーション）でこれまでの活動を再訪し、その時、その場所に戻って課題について話し合い（リフレクション）、活動を進めていくことができたと思われます。

この実践を子どもたちの学びの物語とするならば、その内容は、大きく２部に分けられるように思います。前半の１部は魚の生命のドラマとの遭遇、後半の２部は大好きなキスが生きる海の探究です。そして、この物語の展開に、保育者が大事な役割を果たしました。

海岸で見つけたカニを「排水溝から流して海に返す」という発言を聞いた保育者は、昨年度の経験がつながっていると理解したのでしょう。排水溝と、川や海とのつながりについての知識を広げ、深めるために、下水道科学館への見学を提案しました。子どもたちは、喜んでこの提案を受け入れています。そして、そこから、子どもたちの探究は「水の循環」や「海の状態」へと舵を切りはじめたと言えます。

子どもたちの心には「キスを生かしたかった」という思いが残っており、その思いが「どうしたら生かすことができるのだろうか」という問いになり、「キスが元気に生きることができる海であってほしい」という願いとなって、探究を動機づけていったように思われます。

５歳児が作成した「うみしんぶん」には、自分たちが用意した塩水の濃度や温度が適当ではなかったことを悔いる言葉が見られます。キスの生命というドラマに遭遇してから、子どもたちの関心は、魚が生きる「海の状態」に注がれていることがうかがわれます。

また、５歳児は、自分たちの体験の意味を考え、同じような結果にならないようにするにはどうしたらよいのかと考えたのでしょう。下水道科学館の展示や、家庭で保護者と話したこと、図鑑やテレビのニュースなどから得た情報を、「海の豊かさ」を守るために必要なものとしてまとめています。

自然に触れて学ぶ体験型の理科教育を奨励する露木和男は、『やさしさの教

育　センス・オブ・ワンダーを子どもたちに』（東洋館出版社、2019年）という本のなかで、子どもたちが生き物を育てることの経験には以下の五つの意義があるとしています。

❶子どもたちは（育てる）対象との間に特別な、あるいは親密な関係をもつことができること。
❷生命のドラマに立ち会うことができること。
❸利他（他のものに尽くすこと）の喜びを感じることができること。
❹成長するということに無条件の喜びを感じることができること。
❺死と向き合うことで、命について考える機会ができること。（前掲書、22ページ）

短い期間ではありましたが、子どもたちが生き残った３匹の魚を育てようとした時間は、有意義な経験につながったのではないかと思われます。

前述したように、キスという魚の生命ドラマに遭遇したことは、海についての探究を継続させ、発展させる強い動機づけになったように思われます。このことから、ただ生き物を育てる経験をすればよいということではなく、対象との関係を築き、その生命の営みに心を揺さぶられるような、感動的な体験をすることが重要であると分かります。

そして、それには、命あるものに心を惹かれ、驚き、怖れ、感動する、子どもの柔らかな感性（センス・オブ・ワンダー）が息づいている状態が大切となります。

なお、経験を通した学びの重要性を説いたアメリカの哲学者Ｊ・デューイ（John Dewey, 1859～1952）は、経験はそれ自体のなかに認知的、身体的な要素だけでなく、感情的な要素をもっており、この感情的／美的な性質が知的探究の重要な動機になる、と述べています[(3)]。また、感情的な性質によって仕上げられないかぎり、知的経験は完全なものにはならないとも述べています。

教育ドキュメンテーションにおいては、子どもたちの心を捉えているものを

---

(3)　Dewey J (1934) *Art and Experience*, Penguin Publishing Group. Kindle 版. 39.

見失うことなく、これを探究的な活動につなげていくことが大切であると考えます。

5　5歳児の等身大自画像の取り組み――描画を媒介として、子どもたちの声を聴く[4]

内山沙知、山中智尋（あかつき保育園）

2020年度、自画像を描く過程で何が起こったのか？

前述したように、本園は３歳児から５歳児の「異年齢クラス」を基本としていますが、１週間に１日は、同年齢グループで活動する日を設定しています。ここで紹介する等身大自画像は、年長児（５歳児）の取り組みです。年長児クラスは合計21人（男児７人、女児14人）で、担当保育者は２人となっています。

2020年度は、新型コロナウィルスの影響もあり、小さい人たちが何となく活動に物足りなさを感じていたり、自分の思いや意見に自信がもてないような姿がうかがえました。そこで、11月に入り、卒園に向けた年長児の取り組みとして、一人ひとりが自分の力を発揮できるような活動をしたいと考えるようになりました。

そして、スウェーデンの「子どもの惑星」という絵本に関する教師向けの冊子（138ページ参照）からヒントを得て、「等身大の自分を描くことを提案してみよう」と考えました。小さい人たちに、自分はどんな人なのか、友だちと違うところはどのようなところかなど、自分自身について知る機会になればと思ったわけです。

等身大の自画像という取り組みは、担当保育者にとっても初めてのことでしたので、どのような形になるのか予想がつかず、不安もありました。しかし、そんな不安以上に、小さい人たちがこの活動にどのような興味を示すのか、どのような取り組み方をするのかを楽しみながら、一緒に取り組んでみることにしました。

なお、５歳児一人ひとりが「自分を見ること、感じること、自分を表現すること」にどのように取り組むのかについては、保育者が動画、写真、録音、メモによって記録しました。また、活動の節目では、これらを資料とした話し合いの機会を設け、５歳児が自画像を描く過程を通して、どのように「自分の輪郭を知る＝探究する」のかについて話し合いました。

魚拓を使った説明を聞く

初めに、園長が魚拓を使って、等身大自画像の制作について説明してくれました。

魚拓を実際に見たことで、すべての人に、これから何をするのかというイメージが湧いたようです。また、自分を描くことについて、「みんなは同じところもあるし、違うところもある」と話すと、「髪の毛が違う」、「ホクロがある人とない人がいる」、「顔が違う」、「好きな服が違う」など、みんなが思っている、ほかの人との違いを挙げていました。

また、「みんな違って、みんないい」というこの言葉が印象に残ったのか、この日はずっと「みんな違って、みんないい」と言っている人もいました（参考・金子みすゞの詩）。

大きな紙に等身大の自分を描き、そこに自分の名前や家族、自分の好きなも

魚拓の説明

(4)　日本保育学会第75回・第76回大会における口頭発表（2022年・2023年５月）。

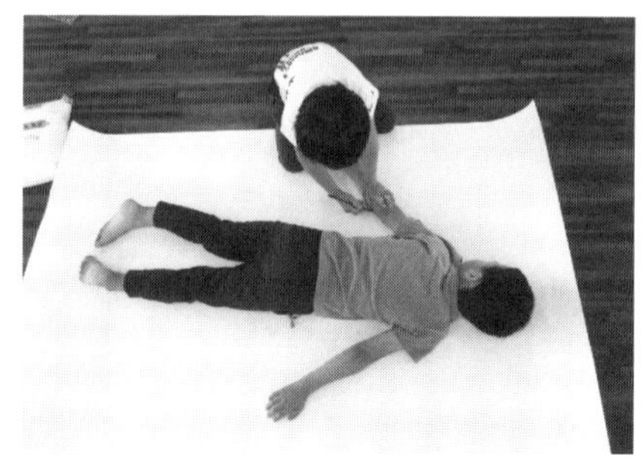

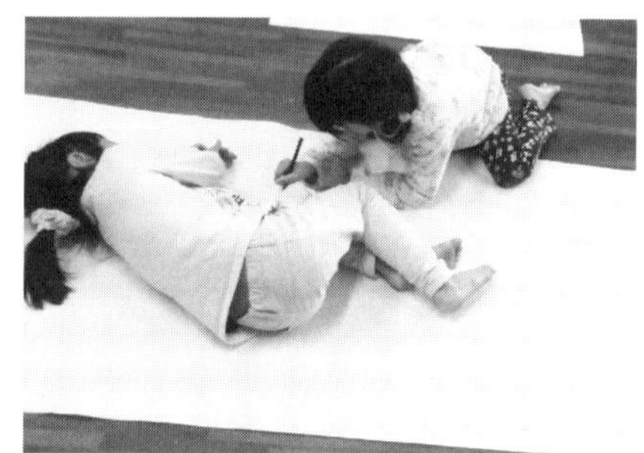

紙に自分のシルエットを描いてもらう

のなどを加えて、「みんなのことが分かるものをつくってみないか？」という問いかけに、「やりたい！　やってみたい！」といった声がみんなから上がりました。「じゃあ、どうやって自分の身体を紙に描く？」と聞くと、言葉に詰まっていましたが、しばらくして、「園長さん倒れて！　鉛筆で描く！」という声が出ました。

お互いのシルエットを描く

小さい人たちは２人１組になり、大きな紙の上に、ポーズをとった友だちを鉛筆でなぞっていきました。「どんなポーズでも、好きなポーズでいいよ」と保育者が声をかけると、最初は恥ずかしそうにしながら、それぞれがポーズをとり、友だちが走らせる鉛筆の動きに意識を集中させていました。

鉛筆がかすかに触れるとくすぐったいのか、笑みを浮かべながら天井を仰ぎ、自分の体の輪郭が写しとられる気配を一心に感じ取っていました。いずれにしろ、みんな、この体験を楽しく、また興味深く味わっているようでした。

下絵を描く

自分のシルエットを描いてもらったあと、顔を描きます。姿見を横に置き、鏡に映った自分の顔をよく見ながらじっくりと丁寧に描く人もいれば、シャッシャッシャーと描いていく人もいました。

目、髪の毛、耳と描き進めていきますが、鼻が難しいようで手が止まります。

鏡を見て顔や服を描いていく

なかには、鼻を描いていない人もいて、声をかけると、じーっと鏡を見て点を描きました。「どうしたの？」と声をかけると、「鼻を描くとかわいくなくなる」と言いました。

一方では、ズボンに細かな模様を根気よく描いている人もいました。

色塗り

数日後、数人ずつ色塗りをしていきます。絵の具で自分の肌の色をつくります。基本のパールベージュに茶色、オレンジ、黒、ピンクなど少しずつ足していき、手の甲にチョンと付けたあと、さらに色を足していきます。一人ひとりの肌の色をつくって、足、手と塗っていきました。

制作中の絵について語る

12月末、年長児が描いた等身大自画像をそれぞれのチームの部屋に展示しました。部屋に絵を貼った瞬間、３歳児、４歳児から、「うわ〜　すごい！」といった大きな歓声が上がるほどインパクトがありました。それから、チームの保育者と一緒に一人ひとりの自画像を見ていきました。

保育者が、「これはどうやって描いたの？」と尋ねたり、「指の爪まで描いてあるね」などと気付いたことを伝えたり、「一番頑張ったところは？」とか「この顔はどんな気持ち？」などと質問していきました。

保育者の視点

最初、この活動は「年長児には難しいのではないか」と思いました。しかし、

手の甲につけて肌の色をつくっていく

実際にやっていくと、それぞれがイキイキと楽しそうに、自分の顔や手、衣服をよく見て描いていく姿が見られたので驚きました。一人ひとりが自分をよく見つめ、描き上げていましたが、見れば見るほど、鏡の中の自分と描いた自分との違いが見つかり、その違いをどうすれば直せるのかと考えていました。

A　目は丸じゃない。
D　爪は先っぽだけが白い。
Q　目と耳は同じ高さにある。
C　口の色は赤じゃない。
T　友だちと肌色が違う。

友だちの描いた自画像を担任と見る

このように、普段の生活では感じられないような体験ができました。

この活動では、絵が苦手な人もいるので、少しでも楽しんで参加できるように、保育者が雰囲気づくりを心掛けました。そして、描きながら何気ない会話を楽しむなかで、その人のことがより分かったり、自画像を描く時間をとても楽しんでいる様子が伝わってきました。

また、その過程では、保育者と小さい人たちとの距離が近くなったようにも感じられました。あまり話してくれなかった人がニコニコしながら話してくれるようになったり、保育者の姿を見ると、笑顔で駆け寄ってきてくれるようになったのです。

2020年度は、新型コロナの影響で例年行っている行事のほとんどが中止、もしくは規模を縮小して行っています。本来なら、保育者と一晩泊まったり、力を合わせて行事を完成させたりしながら小さい人との距離を短くし、深い関係を築きつつ信頼関係をつくり上げていくわけですが、この年度はそれができず、少し残念に感じていました。

しかし、「自画像を描く」という活動を通して、例年以上の関係が築けたのではないかと思っています。

自画像を仕上げる

自画像を仕上げる段階では、小さい人たちが自分の顔をよく観察することと、保育者と１対１でのかかわりをもつことを大切にしました。等身大という大きな絵を描くのは初めての経験であり、描くのが苦手な人はしり込みをしがちでしたが、保育者との会話を通して、全員が顔、髪型、首、手足の形や皺、爪を細かく観察して、見たものや気付いたことを、そのとおりに描こうと努力していました。

自分の顔をじっくり見て細かく描き込んでいく

全員（21人）の顔が完成

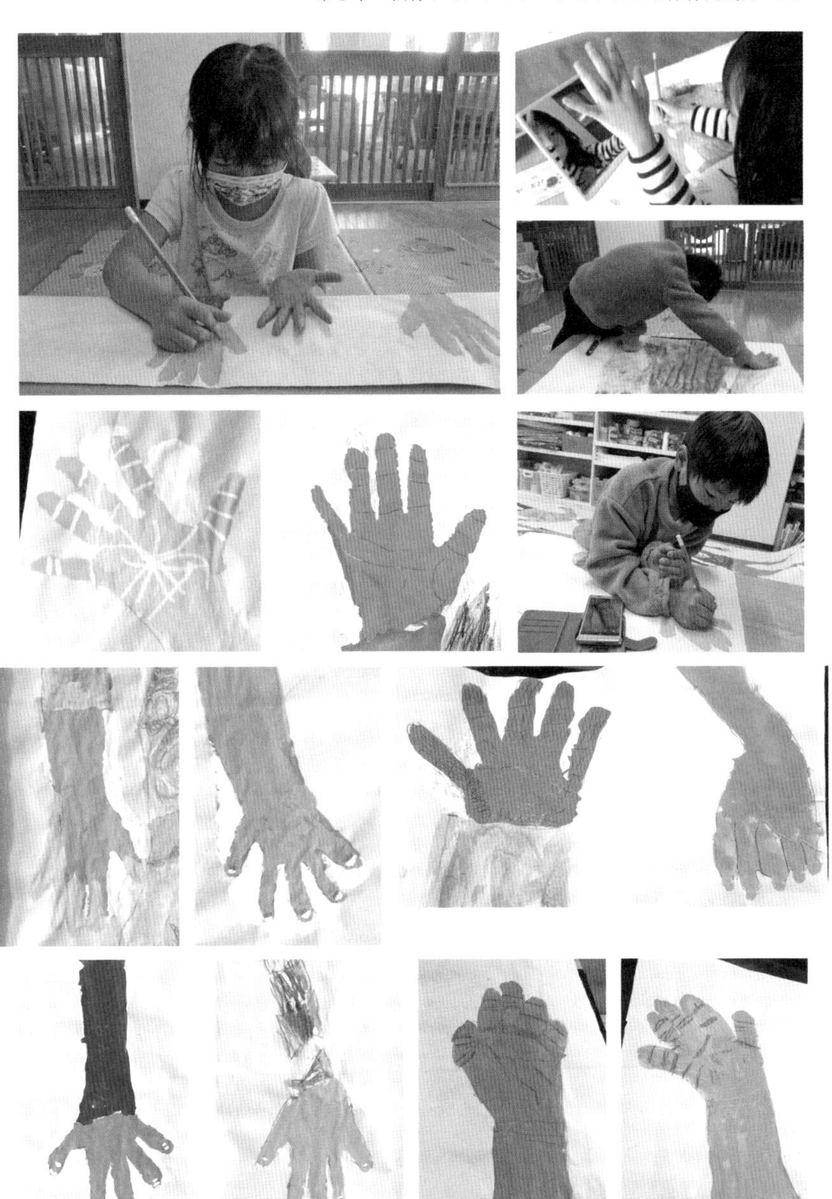

手を描く

足を描く

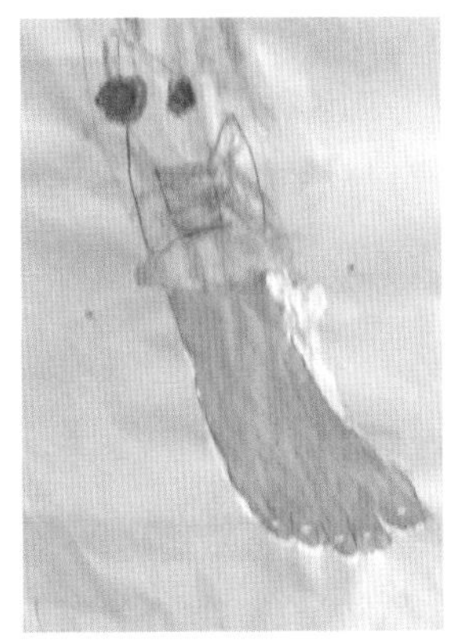

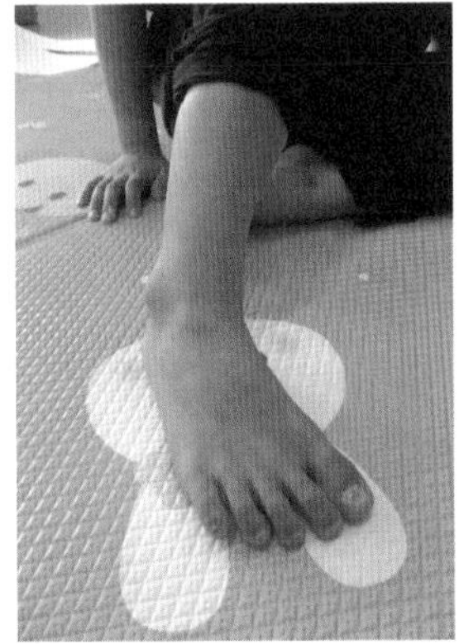

足を描く

また、立体としての体を平面に表現するという作業は、小さい人たちにとって難しい課題でした。みんな、紙の上に立ったり座ったりするほか、同じポーズをとってみたり、鏡やカメラを使ったりと、リアルな自分を描こうとさまざまな試みを続けました。

顔を描くときは、鏡を見ながら表情を変えてみたり、何度も絵の顔と鏡を見比べながら描き進めている人がいました。仕上げられた顔は、髪型、目、鼻、口、どれもが特徴的なものです。まゆげ、まつげもよく見て、１本１本ていねいに描き加えていました。

手については、実際に自分の手を見ながら描く人や、鏡に写してみたり、写真を撮って拡大し、それを見ながら細く描いていく人などさまざまでした。仕上がった絵を見ると、手のしわを細かく描いている人や、爪の色、手の指の動きに至るまで、それぞれが自分なりに表現していました。

一方、足に関しては、輪郭がぼやけていたり、細くなりすぎていたりと形が違っていたので、鏡で見たり、紙の上で同じポーズをとって、再度型どっていました。仕上がった足の形を見ると、肌の色や指、爪をよく観察していることが分かりますし、色についても工夫を凝らした表現をしていました。

事例１

友だちにシルエットを描いてもらうとき、髪の毛が広がっていたため、大きな顔になってしまったＣちゃん。「顔を仕上げるように」と促すと、プーッとふくれて、「顔がぶさいくだから嫌なの」と言いました。

自分の顔のイメージと違いすぎるので受け入れられないのでしょう。小さい人たちは、自分を写し取った自画像を「分身」のように感じていたのです。

「じゃ、顔じゃないところから描いていく？」と尋ねると、頷いて、手や足から描きはじめていきました。少し笑顔が見えるようになってきたころに、保育者と一緒に鏡を見て、「顔はどこまで、首は？」と手で触れながら確認して、顔の輪郭を修正していきました。そして、鏡の中の自分と見比べながら目や鼻を描き、最後にまつげを一本一本ていねいに描いていきました。

描き終えたとき、明るい笑顔と満足した表情を見せていたのが印象的でした。

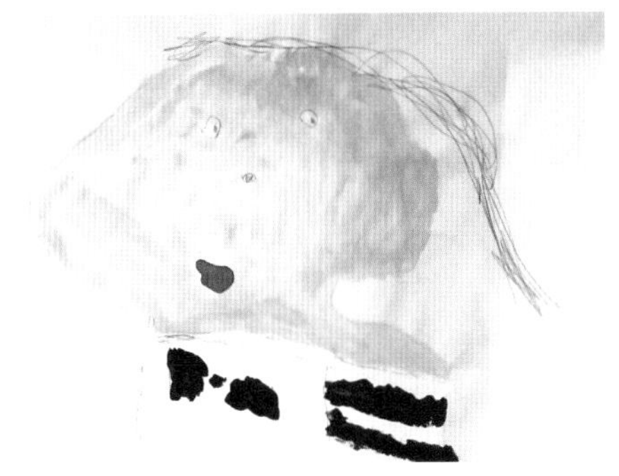

どこまでが顔なのか…

じっくり見て描き上げた

事例2

Gくんは、「僕の右手は、絵だと左にある」と言いながら、手の描き方に悩んでいました。シルエットを描くときと同じように右手を上にし、左手を下にしたポーズをとり、鏡を見ると、手が左右反対になっていることに気付きました。

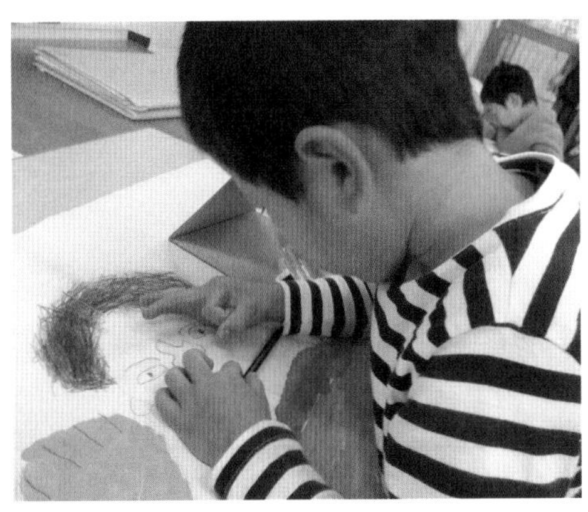

自分の手をしっかり観察する

何度も考えて描き上げた全身像

悩みながらも、自分が後ろ向きになったり、いろんな方向から手を見たり、紙の上に置いたりして、あれこれ試した末、ようやく絵と同じように見える位置を確認しました。

鏡に映っているのは確かに自分自身のはずなのに、見えたまま描こうとすると左右が逆になってしまうという不思議さに気付かされた場面でした。

事例３

Ｆちゃんの自画像は、３歳児が見ても「この子、誰か分かるよ」と言うほど本人に似ています。絵が大好きで、描き出したら止まらなくなり、「Ｆちゃんワールド」が広がっていくようです。

鏡を見ながら描いているとき、「メガネをかけたままだと自分の目がどこまでだか分からない」と言っていました。

それからメガネを取って、まず自分の目を描き、次にメガネをかけたときに自分の目がどのように見えるのか、どこまでがメガネなのかを何度も考えながら自分を描こうとしていました。

初めに描いたもの

じっくり見つめて仕上げた

事例４

５歳児を担当している保育者は、Ｈくんが普段の保育に何か物足りなさを感じているのではないかと気になっていました。しかし、自画像への興味の示し方や熱心に取り組んでいる様子を見て、「これだったのか」と気付きました。

描いた絵を見れば見るほど鏡の中の自分との違いに気付き、顔、耳の中と描き加えていきます。とくに耳や手の皺に注目して、携帯で撮った写真を大きく

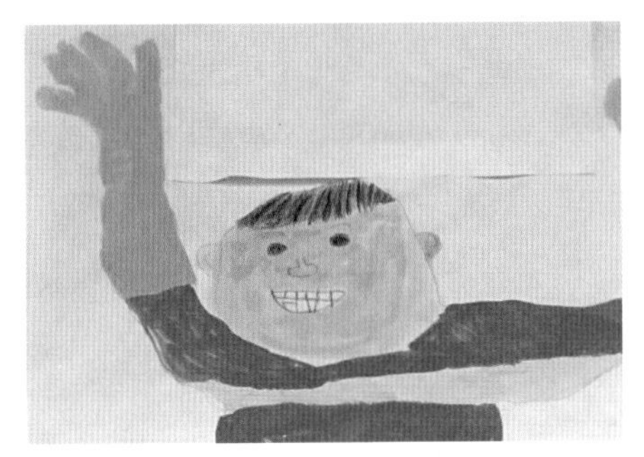

初めに描いたもの

じっくり見つめて仕上げた

拡大して描き込んでいました。そして、仕上がった自画像は、目が大きく見開かれてランランと輝いており、探究心にあふれた眼差しを写しているかのようです。

Ｈくんにとって、鏡の中の自分と向き合い、じっくり観察しながら描いていくという行為は、彼の内面で絶え間なく続けられている「自分とは何か」を探求する営みにつながっているのではないかと思われます。

保育者の視点

等身大自画像を仕上げる段階では、描く活動を通して、小さい人たちは自分の体をより詳細に観察したり、体の各部位や構造を確認していました。また、立体としての体を平面上に描くためにはどうしたらよいかを、紙の上に立って思考をめぐらせたり、道具の使い方を工夫するなど、多様で知的な学びを経験している様子が明らかになったと思います。

大人は、とかく自画像の出来栄えにとらわれがちとなりますが、小さい人たちにとって描くことは総合的な活動であり、描くプロセスにおける心と体全体を使った学びの姿であると捉えることの大切さに気付かされました。

今後は、小さい人たちが自分を見つめ、自分とはどのような人なのかと探求する活動を継続するとともに、「自分は自分でいい」、「自分が好き」という自己肯定感を培っていくこととの関係についても考えていきたいです。

2021年度――自画像について語り合う

年長（５歳児）：計20人（男児12人、女児８人）　保育者２人。

2021年度も同じく等身大自画像の制作を行い、仕上がった全員の自画像を室内に展示し、各チーム（異年齢クラス）の担任保育者と５歳児の友だちと一緒に一枚ずつ順番に見ていき、説明したり、友だちや保育者の感想を聞いたりしました。そのとき、小さい人たちから「白く空いているところにもっと何か描きたい」という声が出ました。そこで、それぞれが自由に描いていくことにしました。

その後、書き加えた背景に焦点を当てて、一人ひとりが描こうとしたイメージについて、保育者や友だちと語り合う場面を設けました。

以下では、その語り合いの場面の観察や録音資料に基づいて、小さい人たちが自画像について説明し、友だちや保育士と語り合うなかで、「わたしってこんな人」、「こんなことが大好き」、「こんなことをやってみたい」などのイメージが明確になっていった様子を報告します。

事例１――海の世界を楽しみたい！

天真爛漫で、何に対しても積極的に取り組んでいくＡちゃん。完成した絵を見ながら話し合ったときには、全員の絵のいいところを伝えていました。

そんなＡちゃんは、自画像の背景に、２月の作品展で共同制作した「海」を描きました。「海には深海もある」と言い、下のほうを暗く塗って、深い海の世界を楽しんでいるような自分を表現していました。

深海を楽しむ

友だちからは、「深海には誰も行ったことがないんだ」、「行く前にサメに食べられる」、「怖いけど、行ってみたい」、「ダイオウグソクムシと友だちになりたい」などといった意見が出ていました。

作品展が終わった今でもAちゃんの興味は続いており、家でチョウチンアンコウをつくっているほどです。海の世界の不思議さを楽しむ気持ちが保育者にまで伝わってきました。

事例2——大切な思い出の木の下で

元気いっぱいで体を動かして遊ぶことが多いBくん。チームのムードメーカーでもありますが、恥ずかしがり屋で、初めてのことには少し不安感をもっています。

最初は「やりたい」と言っても、みんなの注目を浴びるなかではやりたくない——そんな一面が表れたのか、一人だけ目をつむっている顔を描きました。その背景には、大きな木が描かれています。それを見て、「木の下で寝ている自分」と言っていました。

12月の発表会で「オズの魔法使い」の劇をやったとき、本人が使っていた大きな木を「家に持ち帰りたい」と言っていましたが、「部屋が小さいから入らない」という理由で断念せざるを得ず、悲しい思いをしていました。そんな大事な思い出の木に、よく似ていました。

Bくんの説明を聞いたあと、何人かの友だちが、この絵の前に寝転んで目をつむっていました。身体を使ってイメージを共有しようとする子どもたちの感性に気付いた瞬間です。

木の下で寝ている自分

事例３――俺は強い！

自分が思ったことはそのまま表現するＣくん。絵を描くことやものをつくり上げていくということが大好きで、シルエットを描いてもらうときも、初めから決めていたのか、すぐにポーズをとっていました。

背景を描くときには、さまざまな図鑑を見ながら、「これが描きたい」と選んだのが火山でした。大きな紙にマグマや溶岩を描きはじめたとき、何の躊躇もせず、手でダイナミックに絵の具を塗りはじめた姿が印象的でした。

友だちから、「赤いのは何？」、「火山でしょ、溶岩？」、「Ｃくんが、マグマにのみ込まれちゃう……」などの意見が出ました。すると、「俺は強い！　マグマに入っても死なない」と言って拳を振り上げ、「ウッリャッ！」と叫んだのです。

強いものへの憧れと、強い気持ちが絵に表現されていました。

俺は強い！

事例４――大好きな星空と

一つ一つ確認してから行動するという、慎重で繊細なＤくん。みんなの前で、自分の絵について話して

大好きな星空と

ほしいと伝えたとき、真っ先に「僕、話してあげようか」と手を挙げて、絵の前に立ちました。そして、「宇宙……星がいっぱいの中にいるの」、「星が好きだから、マンションの８階からお父さんとお母さんと一緒に見ている」と言いました。

星の形を、一般的な星型ではなく丸く描いています。「宇宙を見たい。実験とかして……」と、ゆっくりですが、はっきりと話していました。家族と過ごすなかで、夢を膨らませている姿が表現されているように思います。

事例５――お花を描きたい

かわいいもの、きれいなものが大好きな Ｅちゃん。背景を描くときも、「お花を描きたい」と言いました。保育者が「地面に生えている花と、桜みたいに木の上に咲いている花があるよ。どっちの花が描きたい？」と尋ねると、「上がいい」と言って、図鑑のなかから藤の花を選びました。

絵の具を混ぜ終わる前に塗りはじめたのでグラデーションやにじみができたのですが、それもまた素敵な色合いになっていました。

絵についての話し合いでは、近くの公園に「藤の花が咲いていた」とか「見に行ったことがある」と話す人がいました。

保育者が「Ｅちゃんは誰と見に行きたい？」と尋ねると、「みんなと一緒に藤の花を見に行きたい」と答えていました。

初めはかわいいから描きたいという思いだけであったのが、話し合いながら、仲間への思いが引き出されたように感じられました。

藤の花と私

事例６――ゆきだるま

雪あそびがしたい

何にでも積極的に取り組み、最後まで諦めない、負けず嫌いなＦちゃん。そんな性格がこの絵にも表れていました。

背景として「雪を描きたい」と決めたものの、「雪は白だから……」と悩んでいました。「じゃあ、空から描いてみる？」という保育者の言葉で、パステルを選び、曇り空だと言いながら一生懸命塗っていきました。

パステルを縦にしたり寝かせたりしながら、大きな紙一面に色を付けていきます。その後、雪を表現するのに「紙を切って貼りたい」と言いました。パステルの上に貼り付けるので、しっかり糊付けをしてもすぐにはがれてしまいます。それでも、根気よく、時間をかけて仕上げていきました。

話し合いの場面では、「雪あそびがしたい」、「雪だるまもいる」、「クリスマスツリーがある」と言いながら、友だちがどんどん雪の世界に入っていきました。そして、「もしかしたら、後ろにサンタさんがいるかもしれない」という声がきっかけとなり、みんなで絵の後ろに回り込み、サンタさんを探しに行きました。

描いた絵を見ながら会話が弾み、イメージを膨らませ、その世界に入っていく――そんな一場面を見ることができました。

保育者の視点（まとめ）

等身大の自画像を描くことは、自分自身と向き合い、「わたし」を表現するという有意義な活動ですが、今年度の小さい人たちからは、余白にも何かを描ききたいという声が上がりました。仕上げられた絵を見ると、自分がとっているポーズからイメージを広げ、周りの風景を描いていました。

その自画像について保育者や友だちに説明したり、質問や感想を出して語り合うという形で、一人ひとりが「わたし」の好きなことや好きな人、行ってみたい場所などについて考え、言語化するという機会がつくれました。

自らの内的イメージを、絵と言葉で、保育者や友だちに向けて表現するという行為は、小さい人たちにとって「わたし」という存在を新たに意味づけ、自己理解を促す機会となります。卒園を間近に控えた年長児、このような経験が、小学校での生活という新たな一歩につながることを願いたいです。

ジェーン・ウェンズビイ（Jane Wensby）[(5)]さんのコメント　（高見幸子訳）

この実践は、内容が深く、とても多くの資質を備えた素晴らしいストーリーです！　関係者全員にとって、このプロセスが興味深く、遊び心にあふれ、楽しく、有意義なものであったことがよく分かります。

この取り組みでは、子どもたちが問題解決能力をもっていること、子ども同士や、子どもと保育者との間で対話する能力をもっていることが示されています。

子どもたちの声に耳を傾け、自画像をどのように描くのかについて、子どもたちがお互いに交渉し、解決策を話し合っていることがよく分かります。また、その過程では、子どもたちが自分の考えや意見に対する自信を深めていることもうかがわれました。

子どもたちは、自分自身を描写し、お互いに自分を紹介しあうという作業を通して、自分自身とお互いを新たな方法で知ることができたと思います。私は、他人の違いを認め、リスペクトすることについて学ぶことが就学前学校や学校のもっとも重要な目的であり、メッセージであると信じています。

スウェーデンでは、長い間、就学前学校の子どもたちに自画像を描かせてきました。これは、子どもたちの自尊心と自信を強め、自分自身とお互いの新た

---

(5)　フィンブーダ（Finnboda）就学前学校とヘンリックスダール（Henriksdals）就学前学校の校長です。

な側面を発見することで、お互いの違いや特質を受け入れやすくする「よいテーマ」であると考えているからです。

スウェーデンでは、集団的な学習より協同的な学習の条件を整えることが重要であると考えています。協同的な学習は、全員の異なる貢献がすべて価値あるものだということを意味しますが、集団的な学習の場合は、グループの子どもたち全員がまったく同じことをするからです。さらに、協同的な学習では、オーケストラのように、全員の異なる貢献が必要とされます。

私たちは、違いが価値となるような有意義な文脈をつくり出すことによって、「ともに考える」ことに価値を置き、それを可能にしていきます！　私たちが異なる存在であり、異なる考え、知識、経験で貢献できることが有意義となります。

小さなグループで活動すると、コミュニケーション、協力、協同的な学習がしやすくなります。さらに子どもたちは、進行中の作品をグループ全体に見せたり、話したりすることで、プロセスのさまざまな部分について一緒にリフレクションができます。

教師の目的も、時代とともに変化し、発展してきました。以前は、終業式で展示できるような素敵な作品をつくりたいと考えていましたが、現在では、子どもたちの興味、個性、学びがドキュメンテーションで可視化されるように、そのプロセスに重点を置くようになりました。その結果、教師が子どもたちの声に耳を傾け、子どもたち一人ひとりがさらに深く考え、取り組みに挑戦したため、よりバラエティーに富んだ、創造性を備えた素敵な作品ができるようになりました。

私たちが就学前学校で育てているのは「**未来の市民**」です。自分自身や他人がどのような人であるかに好奇心をもち、お互いに思いやれる人たちになってほしいと願っています。

このプロジェクトには、子どもたちの声に耳を傾けるという、とても民主的で重要な要素が含まれています！　みんなの声を大切にし、お互いの異なる考えを尊重することが民主主義の基礎です。加えて、議論し、交渉する能力は、私たちがもっているもっとも重要で強力なツールです。これらが、私たちが子どもたちに教えられるもっとも重要なことでもあります！

それゆえ、この素晴らしいプロジェクト活動はそのよい事例だと言えます。ですから、保育者たちが、今後も子どもたちが自分を見つめ、自分とは何かを探究する活動を続けたい、と述べていることを嬉しく思います。この活動を通して、子どもたちは自分自身に満足し、自己肯定感を育むとともにお互いを好きになっていくことでしょう。

編著者による補足説明とコメント

「等身大の自画像」は、スウェーデンの絵本『子どもの惑星』（ホメロ・アルヴァレズ著）を就学前学校で活用するための指導書[6]に紹介されていた活動です。幸運にも、絵本や指導書の出版に、友人であるジェーン・ウェンズビィさんやイングリッド・エングダールさんが協力したことから、これを手にすることができました。

指導書の冒頭には、次のように書かれています。

> 就学前学校において、平等な対応と子どもの権利について取り組むためのインスピレーション、参考になる具体例を紹介しています。『子どもの惑星』に沿った指導書ですが、本とは独立して使うこともできます。（前掲書、14～15ページ）

そこで、以前、就学前学校の見学で目にしたことのある等身大の自画像を日本で試してみたら、子どもの権利に関する実践に取り組むための手がかりが得られるかもしれないと考えました。そして、「あかつき保育園」の保育者に紹介したところ、「実践を試みたい」との返事をいただきました。

日本では、1994年に「子どもの権利条約」を批准し、2023年には「こども基本法」が公布されましたが、幼児を対象とした子どもの権利に関する絵本はまだまだ少ないというのが現状です。どの就学前学校にも、子どもの権利に関す

---

(6)　Tovw Kjellander (2019) *Barnens Planet Handledning för förskolan*, Gothia Forbildning AB, Stockholm, 5

子どもの権利に関する絵本のコーナー。『子どもの惑星』も並ぶ

る絵本が何冊も備えられているスウェーデンとは、社会的な意識という面において大きな違いがあるようです。

ですから、指導書に示された活動のねらいは参考にするにとどめ、まずは、「あかつき保育園」の「安心、自信、自由」の保育方針に基づいた方法で取り組んでみることになりました。ただし、その際には、教育ドキュメンテーションによる自画像を描くプロセスに着目し、自画像をドキュメンテーションとして、子どもと保育者が話し合うことを計画しました。

初めての取り組みですから、保育者は最初、子どもたちが関心をもつかどうかと心配していたようですが、山中園長先生のアイデアで「魚拓」を用いて説明したことで、子どもたちには自分自身を写し取るというイメージがダイレクトに伝わり、一気に関心が高まりました。

また、制作の過程では、時間や環境の設定、人員の配置を調整し、保育者ができるだけ個別にかかわれるようにしたため、子どもたちは驚くほどの集中力を発揮して根気強く取り組んでいきました。

日本の保育現場において、子どもたちが自分に向き合い、自分について考えたり、友だち同士が互いに自分のことを語り合う機会はどれくらいあるのでしょうか？　等身大の自画像の制作過程では、最初、２人一組になって互いのシルエットを描きますが、それは、友だちという他者によって「わたしの形」が浮かび上がってくるという経験になります。

その様子は、「わたし」という自己を形成していくうえで、友だちや他者の存在が重要であることを象徴しているかのようでした。子どもたちは、自分が描いた自画像に保育者や友だちが関心を寄せ、絵やその説明を価値あるものとして受け止め、共感を示してくれたことに、充足感や自信を得ている様子がうかがえました。

2020年度の自画像を描く過程では、自らの身体のさまざまな部分を興味深そうに観察し、丁寧に表現しようと努力する姿も見られました。どの子どもも、密集するまつげ、爪の色の違い、掌の皺など、精巧につくられている自身の身体を、目を見張るようにしながら観察し、描いていきました。

2021年度の各自が自画像について語る場面では、頑張ったこと、工夫したり、こだわった表現、自分が好きなこと、行きたい場所、なりたい自分などについて友だちや保育者に語りながら、どの子どもも、自分を意識し、自らの思いを確認したり、気付いたりしているように思われました。また、友だちの説明を聞いて、思わず泳ぐ格好をしたり、寝転んだりする場面も見られ、共感を全身で表現し、心を通わせている姿がその場の雰囲気を和ませていたことなど、非常に印象深いものでした。

掲載した報告は２年間の取り組みですが、この活動には多様な可能性が潜んでいるように思われます。

なお、スウェーデンの指導書では、「この活動が、自画像を描くことで終わらないようにするためには、子どもたちが積極的に、違うことや同じことについて考えるようにすすめること」と述べられています。日本とスウェーデンでは、「違いと同じこと」を話題にする際の考え方が違うと思いますが、参考までに、以下において指導書の一部を紹介します。

あなたとほかの子どもと違うところ　（訳：高見幸子）

就学前学校は、「同じところと違うところ」について取り組むことによって、すべての人々は同じであり、同時に違っており、そして常にみんな同じ価値があることを「見える化」しています。この基本的な価値観が、毎日の活動に浸透していることが重要です。多様性を表現することと識別することが重要です。

しかしながら、外観と見える属性は、同じところと違うところの一部を表しているにすぎないことを忘れないようにしましょう。たとえば、何を食べるのか、何が好きで、何で怒るのかについて話をすることによって、ほかの観点から、同じところと違うところが「見える化」できます。

違うことはネガテイブなものではありません。たとえば、一人の子どもが肌の色が違うことに気付いてコメントをしたとします。大人が「それについてはあとで話をしようね」と言って、その子どもを静かにさせてしまうとネガテイブになります。

違うところは、すべての人々の内部にも外部にもあります。就学前学校の任務は、子どもたちが自分とほかの人との違いを「良い悪い」と評価しないように努めることです。違いや異常なことにフォーカスすること自体が「落とし穴」なのです。そうではなく、みんなは違っており、価値は同じなのだということにフォーカスしましょう。

実践例——自画像

自画像を使えば、同じところと違うところをいろいろな方法で見つけられるほか、子どもたちと話をすることができます。この活動の目的は、違いと同じの価値を「見える化」し、話題にして不寛容と偏見をなくすことです。違いはネガテイブなことではありません。就学前学校の任務は、ネガテイブなステレオタイプをなくすことです。

たとえば、ある子どもが、誰かの宗教をけなしたり、機能の遅れのある子どもをからかったりした場合、就学前学校の教師は常に対応しなくてはなりません。被害を受けた子どもの話を聞くこと、それを忘れないようにしましょう。その子どもは、常に、自分の、その場の体験を語るという権利をもっているのです。

自画像を描く際の注意点は以下のとおりです。

・子どもたちは、自画像を描くか、自分で撮った自分の写真をできるだけ大きな紙に貼り付けます。その絵の周りに子どもは、自分が誰かと分かるようなものを書いたり、貼り付けていきます。

・あとから追加できるように、少し場所を残しておきます。たとえば、家族を描いたり貼り付けたり、それぞれの子どものユニークなことを書いたり貼り付けたり、子どもが話をする言語や国旗を書いたり貼り付けたり、子どもの肌の色と髪の毛の色を書いたり貼り付けたりします。

・外見と内面の同じところと、違うところについて話し合いましょう。機能、年齢、肌の色、宗教、興味、特別なニーズなどです。そして何度も、みんな違うけれど同じ価値があることについて話し合いましょう。

多文化社会のスウェーデンでは、１歳から６歳までの就学前児童の４分の１以上が外国という背景をもっている子ども（子ども自身が外国で生まれた、または外国で生まれた親をもつ）と言われています[7]。そして、「ナショナル・カリキュラム（Lpfö 18）」では、人間の尊厳、公正、平等、連帯を原則とする民主的価値観の涵養を目指すとされています。

また、就学前学校は社会的および文化的な出会いの場であり、子どもたちが自身の文化への意識を高めるとともに、他者を理解し、共感する能力に貢献するという二つの役割を担っていると述べています。このような国の実践例として、参考にしていただければうれしいです。

---

(7)　Åsa Olsson (2022) Multicultural preschools in Sweden, World Studies in Education Vol. 23, No. 1, James Nicholas Publishers. 59.

第4章

子どもとともにつくる保育実践のための教育ドキュメンテーション

プロジェクターで写真を映しながら活動を振り返る

遊びのなかの探究的な活動

わが国の幼児教育・保育は、子どもたちが日々の生活や遊びを通してさまざまなことを経験し、学び育っていくことを目指しているわけですが、特に子どもの自発的な活動としての遊びを重視したものとなっています。「幼稚園教育要領」（2017年）の「総則　第１幼稚園教育の基本」では、「幼児の自発的な活動としての遊びは、心身の調和のとれた発達の基礎を培う重要な学習である」（５ページ）ことを考慮して、遊びを通した指導によって教育のねらいを総合的に達成することとしています。

また、同様の方針が「保育所保育指針」（2017年）の「保育の方法」にも示されており、「子どもが自発的に・意欲的に関われるような環境を構成し、子どもの主体的な活動や子ども相互の関わりを大切にすること」（５ページ）とされています。

したがって、教育要領や保育指針の意味する「遊び」とは、乳幼児が興味や関心をもって自発的に周りの環境に働きかけ、その変化に心を動かされたり、友だちと協力してさまざまな働きかけを試みたりしながら理解を深め、世界を広げていくことである、と考えられます。

ところで、子どもたちが「遊んでいる」場面を観察していると、「もの・ひと・事象（出来事）」に興味を抱いてかかわっているうちに、特定の対象に好奇心をかき立てられ、その対象をさらに探ろうという目的をもって働きかけていく場面をよく見かけます。子どもたちが繰り広げる遊びの世界は、幅広いうえに多様なのです。

本書では、子どもが特定の対象に関心をもち、個別あるいはグループでその対象に能動的に働きかけて「探究」していく活動に着目しました。そして、その探究的な活動を教育ドキュメンテーションによって充実させていくことを検討したわけです。

繰り返し本書で述べているように、教育ドキュメンテーションは子どもたちの探究的な活動のプロセスを可視化し、子どもと保育者が一緒にそこで起こったことを共有し、振り返って、次の展開を話し合いのもとに進めていくという実践方法です。

保育者は、子どもたちと話し合うことで彼らの興味や考えをより詳細に理解し、保育環境の構成に役立てることができます。また、子どもたちに自らの活動を振り返る機会を提供することができるため、子どもとともに保育実践を創造していくことができると考えました。

子どもたちの主体的な活動の援助

わが国の「幼稚園教育要領」や「保育所保育指針」では、園生活における子どもの活動については、保育者が教育課程、もしくは全体的な計画に基づいて指導計画を立てたうえで実施することとなっています。

また、立案の際には、「子どもが主体的に活動する」ことや「心動かされる体験が次の活動を生み出す」という経験の連続性を考慮し、「主体的・対話的で深い学び」につながるように留意する必要があるとしています。筆者は、教育ドキュメンテーションはこのような幼児教育・保育の実践に貢献するものでもあると考えています。

第１に、教育ドキュメンテーションでは、保育者が写真や文書などで、子どもの興味や関心、またはどのようにかかわっているのか、そこでどのようなことが起きたのかについて可視化します。

保育者は、ドキュメンテーションを作成することを通して、子どもたちの興味や関心、考えやイメージ、ファンタジーを理解し、それを活動の計画に取り入れていきます。そうすることで、子どもたちの意欲を引き出し、自発的で能動的な活動につながるわけです。

第２として、現在のわが国ではドキュメンテーションを、保護者に向けて子どもの園生活の様子を知らせるための「写真入りの記録」であったり、保育者の「研修や学習会などの資料」であると理解している場合が多いように思われます。

もちろん、そのような活用の仕方も教育ドキュメンテーションの主要な機能ではありますが、もっとも重要なのは、「**記録としてのドキュメンテーションを資料として、保育者が子どもとともに活動を振り返って話し合い、今後の活動を計画する**」という営みです。

保育者が捉えた子どもの興味や問いについては、子どもたちの話を聞くことでより確かな理解が得られます。また、そこからどのような活動につなげたいのかについては、子どもたちの考えを聴き、それを活かした活動を展開していくことができます。

その結果、子ども同士、または子どもと保育者がコミュニケーションする機会が増え、一つの活動を次の活動につなげていくことで、子どもたちの素朴な問いや発見から生まれた活動が関連性を保ちながら継続され、探究が深まっていくことになります。

第３に、教育ドキュメンテーションの実践は、子どもたちの声を日々の活動に活かす機会をつくるわけですが、決して「子どもの言いなり」になるということではありません。指導計画の立案・実施は、専門職としての保育者の重要な仕事です。子どもたちの声をどのように次の活動に活かすのか、どのような見通しをもって活動を方向づけていくのかについては、当然、保育者が責任をもつ必要があります。

教育ドキュメンテーションの実践においては、子どもたちが活動に参加し、影響を与える機会をつくりますが、子どもたちが活動のすべてを決めるわけではありません。子どもたちと保育者が一緒に活動の展開を考えていくのです。言葉を換えれば、「**子どもたちとともに保育実践をつくっていく取り組み**」であると言えます。

子どもの参加と影響力

教育活動の計画・実施は、スウェーデンにおいても就学前学校教師の仕事となっていますが、教師の視点のみで行うのではなく、子どもの視点を取り入れていくことを重視しています。

第１章で述べたように、スウェーデンの「ナショナル・カリキュラム」（Lpfö

18）の「２－３　子どもの参加と影響力」では、子どもたちが教育活動に影響を与える機会を提供すべきこと、そして、教師は子どもが表現するニーズや関心に基づいて環境を整え、活動を計画すること、としています。

このような教育方針は、「国連子どもの権利条約」の「意見を表明する権利」や自分の意見や考えを「自由に表現する権利」をふまえたものとなっています。なお、スウェーデンでは、「参加」と「影響力」は概念が異なるとして使い分けられています。就学前学校の教師であり、スウェーデン国内の就学前学校や学校で民主主義と影響力について講義を行っているアルネール（Elisabeth Arnér）は、以下のように定義しています。

参加――子どもがグループの一員として就学前学校の活動に関与できること。
影響力――子どもたちが目に見える形で活動に影響を与えること[1]。

影響力とは、子どもたちが興味を示したものに基づいて活動の計画が立てられることや、活動の選択について子どもに発言権が与えられていることです。言い換えれば、教育活動を教師の視点だけで計画するのでなく、子どもの視点や経験を何らかの形で計画に取り入れていくことであり、子どもと教師がともに活動をつくっていくことだと言えます。

わが国では、2023年４月に「こども基本法案」が施行され、その第３条には、「国連子どもの権利条約」の四原則をふまえた「基本理念」が示されました。そして第３条４号には、以下のように、子どもの意見を尊重することが規定されています。

> 全てのこどもについて、その年齢及び発達の程度に応じて、自己に直接関係する全ての事項に関して意見を表明する機会及び多様な社会的活動に参画する機会が確保されること。

（1）Arnér, Elisabeth (2006). *Barns inflytande i förskolan – problem eller möjlighet för de vuxna?* Örebro: Univ, 92-94.

それゆえ、これからの保育実践においては、「こども基本法」の理念に基づいて、子どもたち自身に関係する事柄、つまり園での生活や活動について、子どもの意見が聴かれるとともに、影響を与えられるようにしていくことが求められるのです。そのためには、意識的に子どもの声を聴く場や時間を設けていく必要があります。

国連子どもの権利委員会の動向をはじめとした情報を発信している平野裕二氏によれば、ヨーロッパ諸国では、子どもの参加の主要な枠組みとして「ランディ・モデル(2)」が参照されているようです。

ランディ・モデルとは、子どもの参加を、以下に示す四つの観点から捉えるというものです。

❶**場（space）**——意見表明の機会。
❷**声（voice）**——表明された意見。
❸**受け取り手（audience）**——子どもたちの声に耳を傾けるべき意思決定者。
❹**影響力（influence）**——子どもたちの意見の実行。

保育者は、日々、子どもたちの興味やニーズに心を配り、その声に対して応答的にかかわっています。このような対応の仕方は、子どもの声を聴くための基本的で大切な取り組みとなりますが、子どもの参加を積極的に推進していくためには、子どもの思いや意見を表現する「**場**」を意識的に設け、そこでの「**声**」が「**受け取り手**」である保育者によって聴き取られ、日々の生活や活動に何らかの「**影響**」を与えていることが子どもたちにはっきりと感じられるようにする必要があります。

子どもの参画の枠組みと子ども自身の視点

それでは、子どもたちの参加を促す枠組みとして、「場」、「声」、「受け取り手」、「影響力」を、幼児教育や保育実践においてどのように整えることができるでしょうか。

まず「**場**」ですが、子どもが安心して、自分の思いや意見を表現できる環境づくりが必要となるでしょう。もちろん、そこには、自分の意見を言わなくてもよいことも含まれます。いずれにしても、保育者と子どもの信頼関係の構築が前提条件となります。

そのためには、子どもたちがさまざまな方法で表現する声に保育者が関心をもって耳を傾け、子どもへの信頼を示す必要があります。また、誰もが発言できるように、グループの人数を調整したり、オープンで対等な雰囲気が感じられるような配慮も大切となります。みんなの顔が見えるように車座になったり、発言する子どもの椅子を用意して、そこで順番に話す機会をつくるなどがその一例となります。

「**声**」に関していえば、自分の考えや意見を表すことに対する子どもたちの意欲や能力を培う取り組みが求められます。「子どもたちは100の言葉で考え、話し、理解し、表現する」という理念に基づくならば、話し言葉や書き言葉だけでなく、さまざまな素材を用いた表現方法があることや、その楽しさを、経験を通して知ることも大切となります。

自分の表現が保育者や友だちに関心をもって受け入れられ、価値あるものとして聴かれるという経験は、自らを表現することへの自信を培うとともに、他者の声に耳を傾けるといった姿勢を育てることにもつながります。

「**受け取り手**」については、言うまでもなく、保育者の視点が重要になるでしょう。近年のスウェーデンでは、「**大人が考える子どもの視点**（Child perspective）」と「**子ども自身の視点**（Children's perspective）」とは区別して捉えられており、子どもに見えているものを見ようと保育者が努力し、その子ども自身の視点を活動に取り入れることが奨励されています。

実際、これらの視点の違いについて、以下のように説明している研究論文があります(3)。

---

(2) *The Lundy model of child participation*
https://commission.europa.eu/system/files/2022-12/lundy_model_of_participation_0.pdf

(3) Sommer D, Pramling Sumuelsson I & Hundeid (2013) *Early childhood care and education: a child perspective paradigm ECCE*, European Early Childhood Education Research Journal, Vol. 21, No. 4, 459–475, Routledge, 参照

大人が考える子どもの視点——大人の注意が、子どもの認識、経験、発言、行動の理解に向けられていることを意味する。したがって、この視点は、子ども自身の経験ではないが、大人が子どもの経験の世界にできるだけ近づきたいと願い、子どもに接近して、理解しようする視点を意味する。
子ども（たち）自身の視点——生活世界に関する子ども自身の経験、認識、理解を表す。生きる世界の主体である子どもの現象学に焦点が当てられている。大人は、（大人の）子どもの視点からアプローチして、この子ども自身の視点を理解しようと努めている。

このような捉え方は、子どもたちを権利主体として認め、彼らが見ている世界は大人が見ている世界と同じであるとはかぎらない、という前提に立っていると言えます。

私たち大人は、これまでの経験やさまざまな知識をもとにして、自分なりの子ども観を構築しています。そのこと自体は、必要もしくは意味のあることですが、私たち大人は、知らず知らずのうちに特定の価値観で子どもを見たり、考えたりしているのかもしれません。つまり、子ども自身の視点に近づくということは、大人側の一方的な枠組みで子どもたちの言動を解釈し、理解しないように心がけることを提案しているわけです。このようなスタンスは、私たち大人にとって、自らの子ども観や価値観を再構築していく機会にもなると思われます。

そして、教育ドキュメンテーションは、子ども自身の視点に近づく一つの方法だと言えます。子どもの表情、しぐさ、行動などといった非言語的な表現や、描画、制作、音楽、ドラマなどといったアート的な表現を子どもたちの言葉と捉えて可視化し、子どもたちがそれについて語る機会を設ければ、子どもの視点がよりはっきりと見えてくるのではないでしょうか。

最後の「**影響力**」ですが、子どもたちの意見が真剣に受け止められ、何らかの形で状況や活動に反映されたことがはっきりと伝わることを意味しています。子ども自身の視点が尊重されるということは、子どもを「客体」ではなく「主体」として見ることです。言うまでもなく、保育者の重要な役割は、子どもたちの考えや発想の取り入れ方を子どもたちと話し合い、検討していくこととなります。その際には、教育ドキュメンテーションにおける子どもと保育者のリフレクションが重要になります。

保育者は、子どもたちが何を探求しているのか、どのようなことを語っていたのかを可視化し、それについて話し合うことで、子ども自身の視点に近づいた活動の選択ができるはずです。

とはいえ、その実践は容易ではないでしょう。スウェーデンにおいても、教育ドキュメンテーションの実践が、「子どもたちがしたことを可視化するだけで、子どもたちの学びや活動を発展させる基礎として用いられていない(4)」といった課題を指摘する報告も見られます。

しかし、一方では、ドキュメンテーションは、子どもたちが活動したことの記録以上のものを生み出す可能性を備えているという報告もあります。これは、子どもと保育者がその記録を資料として対話することによって、新たな発見や発想、そして創造が生まれる可能性を意味しています。

第1章の冒頭で紹介したストックホルム大学教授のレンズ・タグチは、教育ドキュメンテーションのプロセスでは、「人間がドキュメンテーションを用いて何かをするだけでなく、ドキュメンテーションも人間に対して何かをしている(5)」と述べています。つまり、ドキュメンテーションが、記録し、表現するものだけではなく、新たな何かを生み出す可能性を秘めていることを示唆しているわけです。

子ども自身の視点に近づく——日本の実践例について

以下では、第3章で紹介した「社会福祉法人　共育ちの会」の保育園における探究的な活動の事例を、子ども自身の視点に近づくこと、または、それを活動につなげるといった観点から振り返ってみます。

---

(4)　Ingela Elfström (2013). *Uppföljning och utvärdering för förändring*, Stockholms universitet, 272.

(5)　Lenz Taguchi, H. (2013). *Varför pedagogisk dokumentation? Verktyg för lärande och förändring i förskolan och skolan*. Gleerups. 16. 小林美帆子訳による。

「**2　身近な自然と触れ合い、友だちとつながる**」では、虫メガネを手にした２・３歳児が石の模様に魅せられて見つめている場面、ヨモギ団子の香りが雨の匂いに似ていると語っている場面、いろいろな形の葉っぱを楽しんだり、木の葉の茂みの形をゾウに見立てたり、風にお礼を言う場面など、子どもたちの感性で身近な自然に出合っている姿が捉えられています。

そして、保育者が、その時々の発見や喜びを子ども同士で分かち合うように援助しており、友だちと一緒に新たな世界を発見する意欲や空想が広がっているように思えます。

「**3　チューリップの不思議**」では、５歳児が保育者の予想を超えた探究心や思考力を発揮している姿が報告されています。年長児になると観察力が鋭くなり、自分が見たことや経験したことをふまえて、論理的に思考し、行動する力が芽生えていることが分かります。また、日常の出来事から生まれた問いを自分たちで協力して解明しようと話し合い、仮説を立てたうえで試したり、調べることで結果を導き出そうとしています。

子どもたちは、次々と生まれてくる問いを解き明かすことに面白さを感じ、夢中になっているわけですが、その活動の原動力となっているのが、球根に対する特別な感情であることにも気付かされます。事実、大事に育ててきた「球根を腐らせた敵を探したい」という言葉には、彼らの「思いの強さ」が表れています。

幼児の探究的な活動では、このように目の前の植物や生き物を擬人的かつ共感的に理解したり、親密な感情を抱いたりすることが、探究を継続し、深めていく強い動機づけになると思われます。

「**4　海プロジェクト**」においても、「キス（キッス）」という魚の命のドラマに遭遇した子どもたちは、大好きなキスが生きる海であるからこそ、海水の状態に関心をもったと思われます。とくに年長児たちは、自分たちが海水の塩分濃度を参考にしてつくった水ではキスを育てることができなかったという苦い体験が加わって、海の豊かさを守ることへと関心を広げ、図鑑で調べたり、テレビのニュースや保護者から現実的な情報を収集しています。

面白さや喜び、楽しさだけでなく、「悲しい」、「残念」、「悔やまれる」などといったネガティブな感情も、子どもたちの探究的な活動を推進していく原動力になっているようです。

わが国の幼児教育や保育は、学校教育のような体系的な知識を子どもが学ぶこと、あるいは、それを保育者が教えることを目的としていません。しかし、上記のように子たちは、周囲の「もの・ひと・事象」と出合い、独自の感性でさまざまなことに気付き、発見しています。また、そこで起こったことの意味を理解したり、新たな疑問や願いを抱き、それを解明したり、実現しようと考え、行動する能力を備えていることが読み取れます。

教育ドキュメンテーションでは、子どもたちが科学的な知識の習得を目指すのではなく、子どもたちが自らの問いに対してどのように探究しようとしているのかに着目し、思考力、創造力を発揮して、友だちや保育者とコミュニケーションをとりながらともに考え、協力し、探究していく姿を伴走していきます。

前ストックホルム大学教授のグニラ・ダールベリは、「一般に受け入れられている科学的知識に出合う前に、子どもたち自身が調べたい問題を構築できるようにすること、そして、それに基づいて、比較し、結論を導き出し、意味をつくり出すこと」が大切であると述べています。

さらに、この探究のプロセスにおいては、「好奇心と敬意をもって子どもの質問や仮説に耳を傾け、それに応える教育者側のアプローチと能力が求められる[6]」としています。

先に挙げた二つの実践例では、子どもたちの問いの深まりに対して、保育者が意図的なアプローチを試みています。保育者のアイデアは、子どもたちと活動内容を共有し、話し合いを重ねながら着想されたものです。また、そこには、同僚の保育者とのミーティングで得た情報やアイデアといった影響も認められます。

教育ドキュメンテーションの実践においては、「その時」、「その場」といった物質的な環境や、そこに集った人たちとの関係性のなかで探究的な活動が繰り広げられ、子どもたちが新たな意味をつかんでいくといった営みを重視して

---

(6)　Dahlberg, G., Moss, P., & Pence, A. (2014). *Från kvalitet till meningsskapande: postmoderna perspektiv - exemplet förskolan.* (3. uppl.). Stockholm:

います。結果的に獲得した知識の是非を問題にするのでなく、探究のプロセスにおいて、五感を通した体験に基づいて思考し、判断し、表現することによって、子どもたちが協同して意味をつくり出すことを重視しているのです。

さて、「**5　等身大の自画像**」では、自画像を描くプロセスにおいて、子どもたちが多様な取り組みの姿が報告されています。この報告では、以下のように、非常に興味深い場面が描かれていました。

- 多くの子どもたちが、自画像を分身のように感じて大切に扱っている。
- 鏡で見たままに描こうとすると左右が逆になってしまうことに気付いたり、立体としての体を平面上に描くにはどうしたらよいのかと思案している。
- 自分の目や手、足などの体の部位を、鏡やデジタルカメラを使って詳細に観察している。
- 観察によって発見したことが、丁寧に表現されている。

これらは、保育者が子どもの視点に近づいて、子どもたちが描く過程で起こっていることを捉えようとしたからこそ見えてきたものです。また、描くために、子どもたちは多様な機能や能力を総合的に発揮していることも分かります。

さらに、展示した自画像をみんなで鑑賞し、それぞれの自画像について語り合う場面では、一人ひとりが「わたし」について考え、説明する姿を捉えるとともに、その思いを友だちや保育者と共有する様子が報告されています。

友だちの説明を聞いて、思わずその絵と同じポーズを取ったり、絵の前で寝転んで眠ってみたりするなど、子どもたちは身体を動かしながら全身で共感していました。また、自分の経験と重ねて味わったり、友だちの絵に触発されて、想像の世界を広げたりもしていました。

友だちの言葉や自画像をそれぞれがどのように聴き、共感するのか、その楽しくて豊かな感性の世界は、子どもの視点に近づくことで初めて見えてくるのです。

なお、この実践にコメントを寄せてくださった就学前学校の校長であるウェンズビィさん（135ページ参照）は、自画像について語り合うことには、重要となる民主的な要素が含まれていると述べています。

「みんなの声を大切にし、お互いの異なる考えを尊重することは、民主主義の基礎です。加えて、議論し、交渉する能力は、私たちがもっているもっとも重要で強力なツールです。そして、私たちが子どもたちに教えることができるもっとも重要なことでもあります」

この言葉は、スウェーデンでは自画像を描くという取り組みを、国がめざす教育理念と関連づけて考えていることを示唆しています。

保育者の役割——子どもとともにつくる保育実践をめざして

最後に、子どもたちと一緒に探究的な活動を深めていくために、保育者はどのような役割を担うことができるのかについて考えてみたいと思います。

まず挙げられるのは、子どもたち自身の視点に近づいて把握した、彼らの興味や疑問を、その後の活動でも維持できるように工夫することです。第3章で紹介した実践例にも見られたように、子どもたちの球根や魚などに対する特別な思いは、探究的な活動における主要なモチベーションとなっています。このような思いが理解できるのは、その時、その場で、体験を共有した保育者以外にあり得ません。

なお、子どもたちの思いや考え、イメージなどを理解するためには、話し言葉だけでなく、描画や粘土、ブロック、廃材などの多様な素材による表現や、音楽とリズム、ダンス、身体表現など、いわゆる「100の言葉」で表現する機会を提供することも大切です。

そして、その活動は、単に子どもの思いを表現するだけでなく、同時に対象を別の角度から観察したり、感じたり、そこから想像を広げたり、問題を異なる視点から考える機会を提供することにもなるでしょう。

第2は、子どもたちの探究を促すための働きかけ方を工夫することです。その方法としてはさまざまなものがありますが、その一つとして、子どもたちとの対話の質を高めることが挙げられます。

そのためには、子どもの声を真剣に聴く必要があります。『子どもたちの問いを真剣に受け止める——創造的思考の必要性』（未邦訳）という本の著者であるオルソン（Liselott M. Olsson）は、その冒頭でスウェーデン南部の就学前学校での実践例を紹介しつつ、次のように述べています。

> 子どもたちの「どうすれば人は飛べるの？」という質問は、「楽しく、かわいらしく、面白く、空想に満ちていると同時に、不合理で非現実的で不条理であるとさえ思われるかもしれません。しかし、人類の発明史に照らしてみると、飛行できるようになる前からこの問いが真剣に受け止められていたことが分かります。もし、この問いが真剣に受け止められていなかったら、私たちは現在、空を飛ぶことができなかったでしょう(7)。

子どもたちの疑問や願望には、確かに大人が答えられないような、人類にとっての普遍的な問いや願望が含まれている場合があります。また、そのなかには、オルソンが言うように、飛行機などのように発明されているものもあれば、科学的概念として構築され、一般化されているものもあります。

しかし、オルソンは、「すでに存在する知識を子どもたちにすぐ与えてしまうと、創造的な思考の可能性を妨げることになる」とも述べています。

要するに、子どもが発する質問に、保育者はすぐに答えを教えるべきではないということです。事実、子ども自身の考えを聞いたり、考える機会をつくるといったことは、多くの保育者が心がけていることだと思います。もちろん、これらの姿勢は、教育ドキュメンテーションにおける子どもたちとの対話においても大事な点となります。

スウェーデンでは「サムリング（samling）」と呼ばれる集いの時間がありますが、先に紹介したレンズ・タグチ（6ページ参照）は、そこでの教師の発問の仕方や問題のつくり方について、「創意工夫が必要である」と述べています。その内容を要約すると、教師が子どもたちに一つの答えしかない質問（一方向の発問）をすることは、子どもたちの対話を広げるような発問とは言えないし、子どもたちにとっては、ただ受動的にそこに参加しているにすぎない時間になってしまうということです。

また、仮にそれが対話形式で行われたとしても、教師が考えている答えを子どもが当てることに終始し、そこでは、大人の知識が子どものなかで再生産されるだけであって、創造的な思考プロセスを必要としない、と続けています(8)。

では、保育者は、どのような対話を心がければよいのでしょうか。レンズ・タグチの意見を要約すれば、これまで当たり前として受け入れられてきた概念に疑問をもったり、大人でもすぐには答えられない、あるいは解決できないような問題を考えたり、今まで考えたり試したことのなかった新しい方法に挑戦してみることである、ということになります(9)。

言い換えれば、保育者が子どもと一緒になって真剣に探究できるような問題こそ、取り上げる意味があるということになります。

第３として、「幼稚園教育要領」や「保育所保育指針」の目標や基本方針に基づいて、探究的な活動を方向づけていくという重要な役割があります。乳幼児は、身の周りの環境（もの、ひと、事象［出来事］）と出合い、関わり合うという経験を通して学び、系統的な学習に向かう基礎を培っていきます。

教育要領や保育指針では、この時期に育つ資質・能力を、「知識及び技能の基礎」、「思考力・判断力・表現力などの基礎」、「学びに向かう力、人間性等」の三つに整理しています。

探究的な活動は、子どもたちの好奇心や探究心に基づいた能動性（学びに向かう力、人間性等）や、友だちと協同してさまざまな体験に挑戦し、考えたり、試したり、工夫したり、表現したりする（思考力・判断力・表現力などの基礎）とともに、その活動を通して、感じたり、気付いたり、分かったりができるようになる（知識及び技能の基礎）経験です。つまり、これら三つの資質・能力を総合的に育てる機会を提供するものです。

---

(7) Liselott M. Olsson (2013) *Taking Children's Questions Seriously : the need for creative thought.* Global Studies of Childhood 3 (3), 230.　http://dx.doi.org/10.2304/gsch.

(8) Lenz-Taguchi, H. (2013) *Varför pedagogisk dokumentation? Stockholm: HLS Förlag*. p65-66. 小林美帆子訳を参照。

(9) 前掲書参照。

そして、保育者は、探究的な活動がこれらの資質・能力の育成につながっていくように活動の軌道調整をするという役割を担っています。

教育ドキュメンテーションでは、子どもたちが何をどのように探究しようとしているのかを可視化すること、また子どもたちがどのような能力を発揮しているのか、どのような知識や経験を活かしているのか、どのような会話を交わし、どのような協同活動が行われているのかなどについても、あわせて見えるようにしていくことが望まれます。

保育者がこのような取り組みを継続することは、結果として、子どもたちの資質や能力が育まれるプロセスを具体的に記録することにつながります。

ドキュメンテーションは、子どもたちと保育者が活動を振り返り、引き続き探究を続けるためのアイデアや方法を話し合うための資料として活用されるものです。しかし、一方では、一連の継続的な活動プロセスの記録にもなります。子どもたちと保育者が時間をかけてつくってきた活動を物語る記録は、保育者が保育実践を高めていくための有意義な資料となるでしょう。

あとがき

本書は、『スウェーデンに学ぶドキュメンテーションの活用』（新評論、2018年）の続編として、その後5年間の日本における教育ドキュメンテーションの取り組みを整理するとともに、次なる課題を検討することを目的としたものです。また、本書は、「社会福祉法人　共育ちの会」が運営する三つの保育園の園長先生をはじめとする保育者のみなさま、そして園児のみなさまや保護者のみなさまとの共同的実践研究をふまえて書かれたものです。

前著では、教育ドキュメンテーションに取り組みはじめたばかりの実践を報告しましたが、本書で紹介した実践には、以下に述べる二つの特徴があります。

一つ目は、保育者同士、もしくは子どもたちと保育者のリフレクションの場が定着していることです。特に幼児の実践では、子どもたちと保育者とが活動の前後に話し合う機会を設けて、子どもたちの声を聴き取る努力をしています。そして、二つ目は、多様な保育活動のなかで、子どもの遊びのなかの「探究的な活動」に着目して教育ドキュメンテーションに取り組んでいることです。

このような取り組み方の変化は、改めて教育ドキュメンテーションの意義を確認するとともに、さらなる可能性を実感させるものとなりました。

第1に、保育者同士のリフレクションでは、子どもたちの興味や思い、イメージ、考えをより具体的に理解し、次の活動計画や環境の構成に役立てることができました。特に、子どもたちの探究的な活動に着目したことは、話し合いの焦点を定めることにつながったように思えます。

また、幼児グループの子どもたちとのリフレクションは、子どもたちの思いや子どもなりの発想や思考、協力の仕方などを保育者が理解する大きな助けとなりました。何よりも、子どもたちの鋭い観察力、豊かな感性、枠にとらわれない思考力や想像力などは、保育者を驚かせ、感心させ、「有能な子ども」、「豊かな子ども」という言葉の意味を実感させるものとなっていました。

そして、保育者は、そこで理解したことをその後の課題解決の方法や取り組み方に取り入れたことで、自分では予想もしなかった展開につながっていくという面白さを体験したようです。

第２は、子どもたちにとって、自らの活動を振り返る機会が設けられることは、自分たちの興味や疑問を共有し、意欲的に次の活動に取り組んでいく能動性の維持につながるということです。

子どもたちが主体的に活動するということは、活動の中核に、子ども自身の問いや思い、仮説やアイデアが取り入れられることであると実感できました。そして、子ども自身の視点を取り入れていくことが、子どもたちの参画の権利を保障することでもあると確認できました。

とはいえ、子どもたちから出されたさまざまな声をすべて取り入れていくことは大変難しいことであり、子どもたちの声に引っ張られすぎると保育者の役割は果たせません。

第３として、教育ドキュメンテーションによって、保育者が子どもたちとともに話し合い、次の活動を計画し、実践していくこと、つまり子どもたちとともに保育実践をつくっていったことが挙げられます。子どもたちと保育者の話し合いにおいては、イメージを共有したり、アイデアを交換する媒介物としてのドキュメンテーションが必要となりますが、それらをふまえて、どのような話し合いが展開されるのかという点も重要となります。

保育者は、子どもたちの活動がより豊かな経験や学びにつながるよう、活動を方向づけていく必要があります。これこそが、今後の大きな課題であると言えます。

本書では、遊びのなかの探究的な活動に着目して、その活動を継続的に展開していく実践を報告しましたが、その活動を通して、子どもたちがどのような学びを深めているのかについては十分な考察ができませんでした。その背景として、乳幼児期の学びに関する私たちの理解の弱さや理念の曖昧さがあることは否定できません。今後さらに、学びを深める必要性を痛感しています。

これまで、わが国の幼児教育・保育では、「学ぶ」という言葉はあまり使われてきませんでした。しかし最近では、幼児期の教育と小学校教育の接続のあり方が検討されるなかで、「遊びを通した学び」や「学びの芽生え」という言葉が使われ、小学校の「自覚的な学び」につなげていく方向性が示されています。

厳密には、「遊びを通した学び」と「遊びのなかの学び」は同じ概念とは言えませんが、本書で着目した「遊びのなかの探究的な活動」は、幼児期の学びの一面を捉えていると言えるのではないでしょうか。しかし、教育ドキュメンテーションの依拠する子ども観や学習観と日本の教育理念とは、当然、共通するところもあれば違いもあります。

たとえば、子ども主体の学びという点では共通性が認められますが、何をもって主体とするかには違いがあるように思われます。特に、教育活動における子どもの参画に対する考え方には明らかな違いがあると言えます。

また、文部科学省（2023）「学びや生活の基盤をつくる幼児教育と小学校教育の接続について～幼保小の協働による架け橋期の教育の充実～」[(1)]では、「ICT 活用による教育実践や子供の学びの見える化」としてドキュメンテーションの活用が提案されています。しかし、そこでは、「ICT を活用したドキュメンテーションやポートフォリオといった子供主体の遊びを通した学びの記録により、日々の教育実践や子供の学びを『見える化』し、先生の教育の意図や環境の構成の工夫等を併せて伝えることにより、幼児教育の特性や教育方針等について、保護者や地域住民の理解を深めて信頼を得る」こと、そして、そこから「『社会に開かれたカリキュラム』や『社会に開かれた幼児教育施設づくり』につなげていくこと」への期待に主眼が置かれています。

もちろん、それもドキュメンテーションを活用する際の重要な視点ではありますが、もっと子ども主体の学びを深めるという意義に目を向けて、子どもたちと共有してほしいという思いが筆者にはあります。

教育ドキュメンテーションがわが国に紹介されたのは21世紀に入ってからのことですが、スウェーデンではすでに1980年代に受け入れられ、実践研究の積

---

(1)　文部科学省 中央教育審議会 初等中等教育分科会、幼児教育と小学校教育の架け橋特別委員会（2023）「学びや生活の基盤をつくる幼児教育と小学校教育の接続について～幼保小の協働による架け橋期の教育の充実～」11～12ページ。

み重ねにより、現在ではこの国の教育ツールとして全国の就学前学校で活用されています。したがって、そのなかには、レッジョ・エミリアの幼児教育の影響を受けた実践が行われているところもあれば、各校の教育方針に合わせた活用方法も見られます。ただし、カリキュラムの教育理念として「子どもの参加と影響力」が謳われているため、子どもの参画を保障するツールとしても用いられています。

いずれにしても、教育ドキュメンテーションは、その国の文脈に合わせて活用されていくものと考えます。

わが国の幼児教育・保育では、子どもの自発的な活動としての遊び、そして、遊びを通した主体的な学びを重視しています。教育ドキュメンテーションがこのような保育実践の充実に資するツールとなるよう、今後もさらに実践研究を進めていきたいと思っています。

本書の出版にあたっては、冒頭でも述べましたように、「社会福祉法人共育ちの会」の「あかつき保育園」、「あかつき田幡保育園」、「あかつき三の丸保育園」の園児のみなさま、保護者のみなさま、そして保育者のみなさまに多大なご協力をいただきました。また、TPCEC（教育と保育についての理論と実践の研究会）の参加者のみなさまとは、教育ドキュメンテーションを支える理論をともに学ぶことができました。なかでも、研究会の世話人のみなさまには、科研費による共同研究を通して大変有意義な学びをさせていただきました。

また、友人であるアンナ・G・ハンセンさん、ジェーン・ウェンズビィさん、イングリッド・エングダールさん、翻訳者の高見幸子さんには、執筆にご協力いただくとともに、スウェーデンの就学前教育に関するさまざまな情報を提供していただきました。みなさまのご協力、ご厚情に心より感謝申し上げます。

最後に、本書の編集、出版にご尽力くださいました株式会社新評論の武市一幸さんにお世話になりましたこと、深く感謝いたします。

2024年５月１日

白石淑江

編著者紹介

白石淑江（しらいし・よしえ）
愛知淑徳大学福祉貢献学部名誉教授。
大学院修士課程修了後、短期大学保育科に勤務。その後、大学などの非常勤講師を経て、1991年から同朋大学社会福祉学部、2010年より愛知淑徳大学福祉貢献学部に勤め、2021年に名誉教授となる。
大学において保育士養成に携わるとともに、児童虐待の発生予防を視野に入れた地域の子育て支援活動にも関わった。
2000年にストックホルム教育大学（現・ストクホルム大学）に短期留学して以来、スウェーデンの研究者や保育者との交流を深めながら、この国の制度や保育実践について研究している。
著　書『スウェーデン――保育から幼児教育へ』かもがわ出版、2009年
共著書『スウェーデン――保育の今』かもがわ出版、2013年
『なぜ世界の幼児教育・保育を学ぶのか』（泉千勢編著）ミネルヴァ書房、2017年
『スウェーデンに学ぶドキュメンテーションの活用』新評論、2018年

山中健司（やまなか・けんじ）
社会福祉法人共育ちの会理事長兼あかつき田幡保育園園長。
愛知大学卒業後、児童養護施設暁学園に勤務。その後、宗教法人神理教金城教会あかつき保育園に保育士として勤務。
1987年から同園園長を務め、2024年より現職。
2018年、厚生労働大臣表彰を受賞。保育園の経営に携わるとともに、名古屋市西区子育て支援会議代表、名古屋市西区保育園連合会会長、名古屋市西区社会福祉協議会理事に就任し活動している。

子どもとともにする「教育ドキュメンテーション」
―探究を深める保育実践―
（検印廃止）

2024年6月15日　初版第1刷発行

編著者　白石淑江
　　　　山中健司
発行者　武市一幸

発行所　株式会社 新評論

〒169-0051 東京都新宿区西早稲田3-16-28
http://www.shinhyoron.co.jp
TEL 03（3202）7391
FAX 03（3202）5832
振替 00160-1-113487

落丁・乱丁本はお取り替えします。
定価はカバーに表示してあります。

印刷 フォレスト
装丁 山田英春
製本 中永製本所

Printed in Japan
ISBN978-4-7948-1266-7

見つけよう！　子どもたちの素晴らしさ

白石 淑江 編著

スウェーデンに学ぶ ドキュメンテーションの活用

子どもから出発する保育実践

「子どもの権利」の先進国発
「子どもの思いや考えから出発する保育実践」のすべて！
保育の質を向上させたいすべての人に。

A5 判並製　256 頁　2,640 円
ISBN978-4-7948-1091-5

表示価格は税込価格です。